남들은 하던 일도 접는다는 나이
일흔에 쓴 창업일기

은퇴한 뒤
'여생을 어떻게 보낼까' 고민하는
이 땅의 6070님들께
'일흔'
이 출렁이는 기운을 바칩니다

펴내며

속 깊은 '동네 책방'을 꿈꾸며

이 책에는
'詩'와 '시집' 이야기가 자주 나옵니다.
하지만 문학성이 있는 책이나
교양서적은 결코 아닙니다.

그저 속이 깊은 '동네 책방'을 꿈꾸며,
아담한 가게를 얻어서
문 여는 날까지 정성 쏟아온 과정을
추진 일정에 따라 진솔하게 적은 기록입니다.

내 고집의 방향이 맞는지
부딪히는 문제점을 제때 제대로 풀어가고 있는지
자기도취에 헷갈리고 있는 건 아닌지…
이런 걸 두루 점검하고 다지기 위해서 적었던,
그 조각들이 묶여 책이 됐습니다.

그러니 이 책에 관심을 가지고 읽는 분들께
조금이라도 어떤 자극과 용기가 된다면
고맙게도 이 책은 제값을 넘치게 하는 겁니다.

특히 이 책은, 앉은 자리에서
만화책 넘기듯 쉽게 빨리 읽을 수 있어서
좋습니다.

저를 믿고 이 창업을 성원해주신 분,
너무 힘든 업종이라서 우려하며 말리신 분
모두 고맙습니다.

2023년 여름
대구 앞산 아랫마을에서
이 동 림

차례

- 015 창업을 아무나 하나
- 016 호기심과 열정으로
- 020 좀 두려우면 어때?
- 023 또 다른 걱정
- 026 이게 현실
- 028 '책방 주인' 경험
- 032 뚜렷해진 가치에 주목하고
- 035 인생은 항상 좋은 나이
- 038 '많이 팔리고' '많이 읽히는' 세상
- 041 수처작주 입처개진(隨處作主 立處皆眞)
- 047 '캔 두!'
- 049 점포를 찾아서
- 051 점포를 구하다
- 054 점포 계약
- 055 "나는 반대하지 않았다"
- 060 사업계획서 작성부터

062　사업자등록
063　은행 계좌 만들기
065　"너무 걱정 마이소"
066　왜 '시집 전문 책방'?
070　비품 구입
074　작업복 갈아입고
079　책장 들어오는 날
080　새벽잠 깨어
081　책이 들어온다
083　엄지 척
087　'성공 기원!'
088　나는?
090　대구시인협회 자매책방
093　詩 읽는 청소년
096　보석 같은 시집
098　성찰과 참회의 공간

103 소중한 인연들과
110 '커피는 커피집에서 시집은 책방에서'
113 "더 좋은 작품 써야겠어요"
114 詩?
119 어떤 버릇
120 어느 술집에서
123 "한 50편 정도 외웁니더"
125 파주 사는 ㄱ 시인
127 인스타그램 열다
128 순리를 따라야
130 화룡점정(畫龍點睛)
131 마수걸이
133 개업일?
135 이런 마음이 모여서
137 아무도 모른다
138 자작시 낭송회

141 고이 섬겨야

148 詩의 힘

151 세상은 넓고 '시집'은 많다!

153 책의 자리

155 '문 열 날'이 다가온다

157 진짜 첫 손님

158 책장에 오르지 못하는 시집

162 준비 끝!

163 詩 한두 편은 꼭 읽고

166 '詩의 시간'을 기다리다

169 난(蘭)

170 책값 보내다

171 '홍매'만 봄꽃이 아니었다

173 하루 앞두고

176 詩가 우리를 얼마나 기다렸는지

외면하거나
지레 겁먹지 말고

창업을 아무나 하나

책방을 하고 싶다니까
자식들 말고는 주위에서 다 말렸다.

아무리 백세시대라 하지만 '무리'라는 게다.
"남들은 하던 일도 하나하나 접는 이 나이에
돈 안 되는 '책방 일'을 왜 시작하려 하느냐"

"정말로 걱정된다. 가만히 있는 게 돈 버는 일이다"
"도시락 싸 들고 따라다니며 말려야겠다.
장사 수완이라고는 거의 낙제 수준인데…"

이런 우려들은
나도 이미 다 알고 있다.

핵심은 하나다.
책방은 '책을 파는 곳'인데
'장사를 아무나 하나'라는 것이다.

잘나가던 책방도 줄줄이 문 닫는 판에.

호기심과 열정으로

동네 책방.
결코 만만한 일이 아닐 게다.

돈을 수북수북 벌지는 못하더라도
적자는 쌓이지 않아야 하는데,
손님 없는 빈 책방을 덩그러니 홀로 지키며
면벽 좌선하는 수도승처럼 버텨야 할지도 모른다.

게다가 지금은 약간 들뜬 마음에
모든 게 술술 풀려나갈 거라고 믿고 있지만
앞으로 예상치 못한 어떤 어려움이
내 앞에 도사리고 있을지 어찌 알겠는가.
정돈된 의지와 열정으로 나름 무장했지만
솔직히, 막연한 두려움과 불안도 없지 않다.

이 '두려움'과 '불안'이란 압박은
'돈을 벌지 못하면 어쩌나'가 아니다.

책방 하지 말라며 기를 쓰고 말리던 주위에서
"그 나이에 그 어려운 책방 한다고 설치더니

결국 1년도 못 넘기고 문 닫았다 카더라"라며
실망과 걱정을 하게 될 것이 더 두렵다.

그래서 나는,
어쩔 수 없는 이런 냉혹한 현실을
기꺼이 참고 견디며, 거뜬히 극복하기 위해서
'일흔'이 다시 '호기심과 열정의 나이'가 되도록
눈빛을 초롱초롱 밝힐 것이다.

감도가 떨어지지 않도록, 쉽게 지치지 않도록,
스스로 따돌려가며 시험하고 절제하며
돋보기를 가까이 들이대고
지속적으로 관찰하며 탐구해 나갈 것이다.
그리하여 내 속에 숨어 지낸 에너지를
쉼 없이 하나하나 찾아내어 일깨울 것이다.

시간이 흐르면서 점점 투명해진 상상,
그리고 나를 향한 오랜 기다림 속으로
한 가닥씩 섬세하게 접속해가며 구체화해서,
책방에 모시게 될 '그 가치'를 나누는 일에
집중하고 몰두할 것이다.

시시각각 마주하게 될

'식상한 상식'에 붙들리지 않도록
호흡 가다듬어가며, 그 질서와 반전의 중심에서
불붙은 도화선을 타고 흐를 것이다.

본질에 대한 굳은 시각을 고쳐가며
보다 멀리, 넓고 자유롭게 풀어나가야 한다.

나를 괴롭히는 것은 외적 요인이 아니라
항상 내 속에서 웅크린 채 질문하고 있으니,
그때마다 버전을 달리해가며 받아들여 이기리라.
그러나 분명하다.
어느 하나도 나의 각오만큼 쉽지는 않을 게다.

그렇다고 남들처럼 그냥
산에 가고, 도서관 가고
때론 딸이 끊어주는 티켓 들고 연주회나 다니며
그렇게 흐르는 대로 세월 보내기에는
시간을, 아니
내 삶을 허투루 여기는 것 같아서 안 되겠다.
이대로 포기할 수 없다.

그런데 기다렸다는 듯이 보여준
자식들의 한결같은 지지와 성원이 고맙다.

은근히 속으로 믿고 있었던 응답이다.

"책방지기, 어울립니다"
"열정을 지지합니다"
"그 꿈, 기필코 이루실 겁니다"

'꿈을 이루다?'
이 얼마 만에 들어보는 '꿈을 이루다'인가?
저지선을 뭉갠 세찬 돌풍이다.

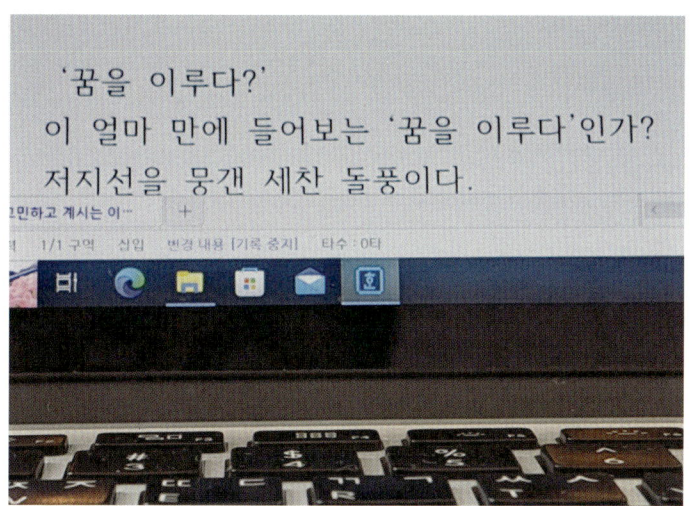

좀 두려우면 어때?

그동안 살아오면서 경험했던 '일'과 '관계',
현재와 미래로 이어가는 끝없는 '욕구',
순간순간 왔다 가버리는 '기회' 같은 게
이 나이엔 더 이상 오지 않을 거라고 고개 숙여버리면
이 자리에서 나는,
나도 모르게 참 편한 자세로
그대로 주저앉아버리고 말 것이다.

하지만 아직 내게는
빨간 경계선 너머 들어설 '한계'가
선명하게 거리 둔 채 미뤄져 있다고 여기며
쉽게 굴복하지 않을 것이다.
도전해 보자. 달라질 것이다.

나이 핑계를 대면서
세월에 얹혀서 마냥 둥둥 떠내려가면 안 된다.
남들에겐 좀 어색하게 보일지 모르지만
갈망해 보자. 실천해 보자. 이겨보자.

살아온 날들을 돌아보면,

누가 알아주든 말든
시공(時空)이 열리는 쪽으로 '이 길'이라 믿으며
'갈고닦아 다져진' 마이웨이가 있다.
때론 힘들고, 답답하고, 고달팠지만,
그때마다 뜨겁게 살았다.

이제, 그 벗어날 수 없었던 길에서
신호등 겁내지 말고 이탈해 보는 것이다.
조바심 내며 시계 들여다보지 말고
보다 흥미롭고, 너그럽고, 여유 있게,
그렇게 벗어나 보는 것이다.

쉽고 편하게 남들 흉내 내면서 살자면
나도 이제 다 내려놓을 시간이다.
하지만 이렇게 마음먹는 순간부터 나는
'진짜 노인'으로 늙어갈 수밖에 없으리라.

이게 싫다. 그렇다고
늙기 싫어서 발버둥 치는 게 아니다.

누가 그랬다지.
이마의 주름이 늘어나는 건 어쩔 수 없지만
마음의 주름은 만들지 말아야 한다고.

이 나이에 선택하는 새로운 길이
좀 두려우면 어때?
외롭거나 좀 답답하면 또 어때?
돈벌이가 덜 되면 어때?
그냥 이렇게 혼자 갇혀(?) 있는 방에서
나를 자유롭고 느긋하게 들여다보는 것만으로도
어쩌면 '남는 장사'이리라.

.

또 다른 걱정

주위에서 모두가 '앞이 잘 안 보인다'며 우려하는
이 외로운 싸움을 시작하면서 나는,
타성을 이겨야 하는 '일종의 반란' 같은
나의 독립적 자발성을 믿기로 한다.

본디 '확신'이란 게 어디 있겠냐만
일과 꿈의 교집합은 분별할 수 있어야 한다.

때문에, 입만 열면 책방 창업을 말리는
그 답이 뻔한 '자문'은
앞으로 구하지 않을 생각이다.

그들의 이구동성
"어렵다. 지금이라도 생각을 접으라"에 흔들려서
곧바로 고개 숙이고 따를 생각이었다면
나는 처음부터 시도조차 하지 않았다.

그런데 내 마음속엔 또 다른 걱정이 좀 있다.
자식들 다 짝지어 보내고 내외가 살면서
서툰 남정네 거친 손길이지만

아내를 위해 집안일이나 바깥일을
여기저기 조금씩 거들어 왔다.

그런데 앞으로 내가 '책방 일'에 매달리게 되면
아내를 좀 돕겠다며 설치던 그 일들에
어쩔 수 없이 소홀해질 게 분명하다.
당장, 운전 못하는 아내를 위한 '기사 노릇'부터.

돌아보니 아내는 40년 전,
이 허술하기 짝이 없는 사내를 믿고
가난한 집으로 겁도 없이 시집왔다.
그 얄팍했던 월급봉투 쪼개가며
시부모 봉양하고, 자식들 반듯하게 키웠다.
참 고마운 마눌님이다.

이 고마운 아내와 평생을 살아오며
알게 모르게 마음으로 빚진 게 얼마나 많은가.
그래서 속으로, 늦었지만 이제라도
조금씩 갚으며 살아야겠다고 다짐하지만
그때마다 실천이 그리 쉽지 않았다.

이 나이에는, 어쩌면
그 빚 갚으며 살기에도 시간이 넉넉하지 않으리라.

납작 엎드려서, 속으로 미안해하고 부끄러워하며
집 안 청소에다 설거지라도 제때 찾아서 하고
공손하게 '마눌님 마음 편하도록 모시고' 사는 게
어쩌면 옳은 일 아닌지 모르겠다는
그런 쉽지 않은 갈등도 있다.

이게 현실

스물여덟에 직장 생활을 시작해서
큰 탈 없이 현역을 마무리했다.

이것저것 가리지 않고 잘 먹고, 잠도 잘 자고,
여기저기 잘 다니고 있으니, 아직은 스스로
몸과 마음이 멀쩡하다고 여긴다.

그래서, 큰돈 들이지 않고
내가 해낼 수 있는 일.

때론 나의
'아직 덜 삭은 끼'를 조금씩 발휘하면서
혼자 좋아서 싱글벙글 웃어가며
하루하루 재미있어 할 일.

게다가 술술 잘 풀려나가서
일이 점점 넘치더라도
지치지 않고 즐겨 감당할 수 있는,
그런 일을 찾기 시작했다.

그게 '책방'이다.

이처럼 마음은 굴뚝같은데
내가 새삼스레 무슨 일을 벌이려면,
돈벌이 '현역'인
마눌님 주머니 신세를 질 수밖에 없다.
좀 뭣하지만 이게 현실이다.

돈은 얼마나 준비해야 할까.
우선 점포를 얻을 보증금과 다달이 나갈 월세.
월세는 아무래도
6개월 치 정도는 미리 마련해야만 될 것 같다.
그래야 조바심 내지 않고 좀 느긋해질 것이다.
책장이나 탁자 등의 집기도 들여야 한다.

이 밖에도 약간의 여윳돈이 있어야 할 게다.
요즘은 이런 일로
새로 산 계산기를 자주 두드린다.

'책방 주인' 경험

내 속에 어쩌면
나도 모르는 '책방DNA'가 살아있었다는 생각이 든다.

그러니 한 40년 된 얘기다.

그때 내가 다니던 직장동료 5명과 뜻을 모아,
대구 도심 반월당 대로변에 점포를 얻어서
아담한 책방을 차렸던 적이 있다.
'아동도서 전문서점'이었다.

6명 모두 미혼이거나 갓 결혼한 젊은이여서
'아이를 위한 책'에 대한 이해가 부족했을 텐데,
누가 '아동도서 전문서점'을 차리자고 나섰는지
기억에 없다. 그래선지
아동도서 전문서점이었는데
갈수록 사회과학서적이 늘어났다.

모두 현직에 있었기 때문에
서점 운영은 휴학 중인 알바생이 맡았다.

'주인'의식이 부족한 책방 '주인'들은
퇴근 후에나 하나둘 모여들어
영양가 부족한 이야기나 주절주절 늘어놓다가
저마다 '의무'처럼 책이나 한 권씩 사들고선
한 사람 한 사람 '손님처럼' 빠져나갔다.

누구 하나
책방 경영에 책임 있게 나서는 이 없었다.
서로 미루거나 무책임했다기보다는
모두가 너무 몰랐기 때문일 것이다.

그 책방 주인들은
자기 책방에서 자기 읽을 책만 살 줄 알았지,
어떻게 하면 남들에게 책을 많이 팔아서
책방을 유지, 발전시켜 나갈 것인가에 대해선
하나같이 부족했다.

이러니 그 책방이 제대로 될 턱이 없었다.
물론 그 작은 책방에
어설픈 주인이 여섯이나 되니
처음부터 돈 벌 작정하고 뜻을 모았던 건
분명 아닐 게다.

결국 1년 만에 간판을 내렸다.
어찌 보면 순리였다.
투자금 몽땅 날리고
반품이 어려운 빛바랜 책만 한 방 가득 남았다.

하지만 그 뒤, 늘 내 가슴 한편에는
이력서에도 적을 수 없는
'책방 주인'이라는 허상 같은 스펙이
끝내 기죽지 않고 살아있었다.

언젠가 기회가 오면, 다시 한번
그 이상한(?) 책방 주인 경험을 바탕으로
소박하고 아늑한 동네 책방을
'혼자서' 한번 꾸려보고 싶다고 맘먹고 살았다.

그런데, 생업에 쫓기다 보니
언제나 세월은 나를 기다려주지 않았다.
돌아보니 늘 그랬다.

그러니 이렇게 좀 늦었다고
외면하거나 지레 겁먹을 것 없다.
현실의 좁은 행간에서 우물쭈물하다 보면
끝내 놓치고 말 것이다.

주저앉으면 지는 것이다. 후회할 것이다.

그래서 이렇게, 그 두려움 속으로
두 팔 걷어 올리고 겁 없이 덤벼드는 것이다.

뚜렷해진 가치에 주목하고

미뤄뒀던 시간이 나의 체온 속으로 들어온다.
그 시간의 중심에서 나는
무리한 욕심이 꿈틀댈 때마다
주저 없이 물리쳐가며, 물 흐르듯이
그렇게 차분하게 꾸려나가 볼 작정이다.

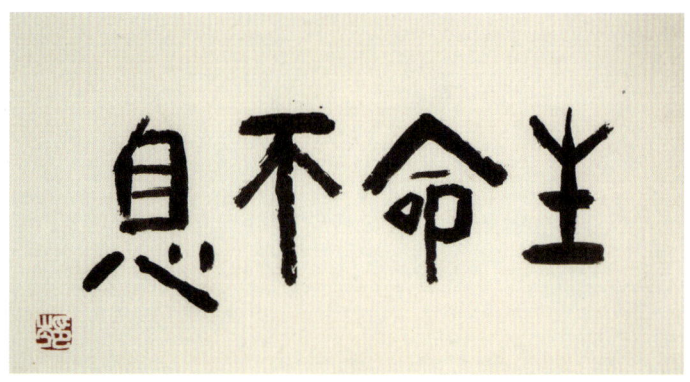

40년 가까이 깊은 산골에 은둔하며 수행을 이어오신
'지게 도인'으로 널리 알려진 육잠 스님의
생명불식(生命不息) 전시회가 최근 서울에서 있었다.
'生命不息'
'살아있으면 살아 있는 몫을 다해야 한다'

이 전시회를 다녀와서 결심했다.
'책방, 더 미루지 않겠다'

결심을 따라가는 속도감.
방향만 헷갈리지 않으면 그 길은 곧 내 길이 되리라.
마침내 도착할 것이라는 흔들리지 않는 믿음이
이 노정(路程)의 핵심이자 원동력이다.

희망은 결핍에서 비롯된다는데
앞으로 '책방지기'를 꿈꾸고 있는 나에겐
매우 낯설고 다양한 탐구와 반응이 일어날 게다.

그리고 내가 피할 수 없도록, 무시로
사방에서 날카로운 인문적 파편도 쏟아질 것이다.

그때마다 이 책방 기운의 본질을 지키기 위해
나는 잠시도 긴장의 고삐를 놓치지 않아야 한다.
끝까지 아프지 않은 척 외면하며,
견디고 이겨낼 것이다. 굳건히 나아갈 것이다.

옛 성현은 '일흔 살'을 종심(從心)이라 했다.
'나이 70이 되면
마음이 하고자 하는 바 어디를 좇아도

도(道)에 크게 어긋나지 않는다'
이런 뜻이란다.
'바른길' 놓치지 않으리라.

소박한 동네 책방 차려놓고
'고객 중심', '독자 중심', '합리적 경영'…
이런 전설 같은 틀에 갇히지 않을 것이다.

거듭 강조하지만
그동안 내가 편하게 그림 그려온 대로,
앞으로도 좀 까다롭지만 내 호흡에 자유로운
'맞춤형 내 공간'으로 하루하루 넓혀나가리라.

나의 묵은 생각들이
이렇게 마구 일어나 서로 소통하면서
새삼 뚜렷해진 가치에 주목하고,
가로세로 줄 맞춰가며
자유롭고 넉넉한 대열로 나선다.

인생은 항상 좋은 나이

어떤 업종이든, 남들은 창업을 준비하면서
본받거나 배울 게 있을까 싶어
'성공했다고 소문난 동종업체'를
여기저기 수소문해가며 찾아다닌다고 한다.

그런데 나는 그럴 생각이 별로 없다.
그렇다고 무작정 자신 있다는 건 아니다.
다만, 남의 책방에 찾아 들어가 눈치 봐가면서
이런저런 자문을 구한다는 건
아무래도 이 책방을 구상하면서 짜놓은
내 스타일이 아니기 때문이다.

대신, 먼저 경험한 책방지기들이 쓴 책이
창업기나 르포, 인터뷰, 소설 등의 형식으로
다양하게 나와 있으니
골라가며 두루두루 찾아 읽는다.

그렇게 읽고 나면
지혜로운 선배를 여럿 만난 것처럼 든든하다.
그런데 뭔가 배우면 배울수록 여전히

내가 모르는 게 너무 많다는 걸 자꾸만 깨닫는다.

그러니 돌다리 두드려 가며 개울 건너듯,
이런 책 꼼꼼하게 읽어가면서,
더욱 차분하고 조심스럽고 치밀하게
한 걸음 한 걸음 밟아 나아가고 있다.

한편, 내가 이 나이에 겪는 창업 과정이
새삼스레 참 신선하다.
젊었을 때 첫 직장 입사 시험에 합격했을 때도
이처럼 설레지는 않았던 것 같다.

그 설렘 가운데 일어나는 이런저런 생각에
때론 밤잠을 설치기도 한다.
주위에선 모두 걱정투성이인데, 나는
'개업'을 준비하는 하루하루가 너무 신명 난다.

내가 건강만 잘 지키면
일흔인 나에게 주어진 시간은 아직 많이 남았다.
이 소중한 시간 앞에서, 보다 겸허한 자세로
절제하며 후회 없이 최선을 다하고 싶다.

젊었을 때, 신문에 연재된

어느 여기자의 칼럼을 읽은 기억이 난다.

이 여기자가 20대 기자 때 어느 30대 선배 기자가
"좋은 때야, 열심히 해"라고 했단다.
이후 기자가 30대일 때 그 40대 선배가 또 한 번
"좋은 나이야, 열심히 해"라고 했단다.
그 뒤 기자가 40대일 때 50대 그 선배는 또다시
"좋은 나이야, 열심히 해"라고 하더란다.

그날 기자가 퇴근길 지하철을 탔는데
마주 보이는 자리에 60대쯤 보이는 어르신 옆에
70대쯤 보이는 다른 어르신이 앉아있었다.
한참을 주거니 받거니 이야기를 하다가
70대 어르신이 60대 어르신께
"영감님은 참 좋은 때야.
보람 찾아가면서 열심히 사세요"
하더란다.

이 칼럼의 제목은
'인생은 항상 좋은 나이'였다.

'많이 팔리고' '많이 읽히는' 세상

정년퇴직해서 좀 여유를 갖는가 싶더니
부동산 사고파는 일을 시작하면서
"벌이가 짭짤하다. 늙으면 돈이 있어야 돼"라며
만날 때마다 함께 해보자고 권하는 친구가 있다.

매일 아침 도시락 싸 들고 도서관으로 가서
온종일 독서삼매에 빠져 사는 친구도 있다.

"자고 나면 괜스레 마눌님 눈치가 보여서
주섬주섬 차려입고 가까운 산을 찾아 오른다.
거의 매일…"
이런 친구도 있다.

직장 생활하다 나온 내 주위의 친구들은
대충 이렇게들 살고 있다.

그런데 나는,
아직 남의 옷 빌려 입은 듯 어색하겠지만
이제 곧 '내가 차린 책방'의 주인이 된다.

비가 와도 눈이 와도 아침마다 눈을 뜨면
'나의 일'이 나를 기다릴 것이다.
이 얼마나 고마운가.

이 책방 앞에 처음부터 줄 서는 일은 없겠지만
문 열어놓고 손님이 찾아올 때까지
맥 놓고 멍하니 기다리고 있지는 않을 것이다.

살아오며 굳은살이 된 낡은 고정관념부터 털어내고
창의적 분해와 결합 속에서 지속적으로 탐구하며,
뭔가 새로운 조합과 연결을 모색하다 보면
한 번씩 "얼씨구…" 하며 무릎 칠 날이 있을 게다.

앞으로 내가
이 나이에 책방으로 성공했다는 소문과 함께,
요즘 한 집 건너 한 집 생기는 카페나
동네마다 골목골목 들어서는 편의점 보다
크고 작은 책방들이
우리 주위 여기저기에 자꾸만 늘어나면 좋겠다.

이렇게 해서 많아지는 책방들이
저마다 먹고 살 만큼 돈벌이도 되는 세상,
책이 '많이 팔리고' '많이 읽히는'

그런 세상이 열리면 좋겠다.

그리하여, 동네마다 들어서는 작은 책방들이
우리 문화생태계에, 나아가 우리 일상에
새로운 진화의 동력으로 수혈되면 좋겠다.

수처작주 입처개진(隨處作主 立處皆眞)

좀 다른 얘기다.

20년 넘었다.
내가 어느 대학에 취업특강을 하러 가서
사고(?)를 쳤다.
취업특강이라면 보통
"이렇게 저렇게 준비 잘해서 원하는 업체에 입사하라"라며
취업에 도움 될 얘기를 늘어놓는 게 상식이다.
그런데 나는 "취업이 어려우면 취업하지 말라"라고 했으니
'엉터리 강사'로 몰려
얻어터지지 않고 무사히 돌아온 것만 해도 다행이다.

내가 무슨 대단한 취업 전문가인 것처럼 행세하며
모두가 빤히 다 아는 이론으로
일자리 걱정에 피 말리는 우리 젊은이들을
잠시라도 헷갈리게 하는 게 싫었다.
그래서 이 나라 취업환경에 대한
솔직한 내 마음을 털어놓았던 게다. 창업하자고.

특강을 마친 며칠 뒤

그 강의실에 왔던 대학생 가운데 두 사람이 찾아왔다.

"저는 그동안 공무원 시험 준비를 해왔습니다. 그런데 그 날 사장님 특강을 듣고 나서 '내가 가장 잘할 일, 가장 즐겁게 할 일, 나밖에 할 수 없는 일'을 찾아 고민했습니다. 그래서 저는 '국가대표급 진짜 순 우리 참기름'을 만들어 보기로 했습니다.
사람들이 정말 믿고 먹을 수 있는 참기름을 제가 책임져 보겠습니다. 나중엔 직영 재배를 하겠지만, 처음엔 참깨 농사가 잘 되는 지역에다 계약재배를 해서 '우리 참깨'를 적당히 확보하겠습니다. 힘들더라도 유기농 재배를 고집하겠습니다. 그래서 우리 가족부터 마음 놓고 고소하게 밥 비벼 먹을 수 있는 그런 참기름을 만들겠습니다.
다른 참기름보다 좀 비싸겠지만 이런 참기름 사 먹겠다는 사람들이 많을 겁니다.
중요한 건 '신뢰'입니다. 참기름 장사 안 하면 안 했지 양심을 저버릴 생각은 털끝만큼도 없으니 이만하면 '준비된 참기름집 사장' 아니겠습니까…"

더 이상 옮기면
그 청년의 사업 기밀을 누설할 것 같아서 이쯤만 전한다.

미소가 그윽한 얼굴로 듣고 있던 그 옆 청년이 나섰다.

"저는 떡볶이 장사를 해 보겠습니다. 청결하고 세련된 가게에다 고객 자리를 편하게 마련하겠습니다. 농약 덜 친 쌀로 매일 아침 정갈하게 가래떡 뽑아 놓고, 깨끗한 태양초 고추 사다가 깔끔하게 손질해서 직접 빻아 만든 고추장에다 유기농 야채를 타지 않도록 달달 볶은 뒤, 이 친구네 진짜 참기름으로 고소하게 맛을 낸 청정 떡볶이를 만들어 팔겠습니다.

배달용 포장 용기도 위생적이고 예쁘게 디자인해서 만들겠습니다. 게다가 우리 가게 종업원들의 감동적인 서비스 정신이 '가장 중요한 양념'이라는 각오로 떡볶이를 준비하겠습니다. '국가대표급 떡볶이'라는 자긍심이 획득되고 나면 '끝까지 약속 지킬 사람들'만 모아서 프랜차이즈 사업도 해보겠습니다.

이쯤 되면 우선 평소 좋아하는 떡볶이를 많이 먹을 수 있어 좋고, 양질의 고급 떡볶이를 나누는 보람과 돈벌이로 저는 참 행복해질 것입니다"

잘생긴 청년들이 늘어놓는 그들의 꿈을 듣고 있자니
내가 덩달아 행복해졌다.
(이 취업특강 이야기는,
내가 오래전 어느 신문에 칼럼을 연재할 때 쓴
내용 가운데 하나를 간추려 옮겼다)

'수처작주 입처개진(隨處作主 立處皆眞)'
널리 알려진 대로
당나라 선승 임제 선사의 가르침이다.
'주인의식으로 최선을 다하면
자기가 처한 곳 어디서나 '참(眞)'을 이룰 수 있다'

이렇듯 그때 만난 청년들의
'국가대표급 진짜 순 우리 참기름'이나
'국가대표급 청결떡볶이' 가게를 차리겠다는 그 열망,
그 왕성한 차별성을 본받아서 나는
'국가대표급 시집 전문 책방 차리기'에 들어간다.

이 창업일기를 정리하면서
매일 산에 가고 도서관 다니는 내 친구들에게
어느 날 이 청년들 이야기를 들려줬다.
그리고 '일'을 권했다.
그렇다고 친구들이 꼭 돈을 벌어야 할 만큼
생계가 어려운 형편은 아니다.

그동안 저마다의 분야에서 혼신의 힘을 다해 살아온
그 값지고 다양한 경험과 경륜을,
우리 이웃과 사회에 보다 유익하게 활용되도록
이바지하자는 것이다.

우리에게 앞으로 '남은 시간'이
덧없는 '남는 시간'이 되지 않아야 하기 때문이다.

"산도 좋고 독서도 좋지만
산 아래, 또는 도서관 밖에서 할 수 있는 일을
하나씩 찾아보자.
'갈아타기'의 보람과 성취가 기다릴 것이다.
내가 책방을 준비하면서 반복해서 느끼는데
뭔가 자꾸만 잘 될 것 같아서 좋다"라고 했더니
어느 친구는 이미 준비하고 있는 것처럼
"몸에 해로운 트랜스지방을 줄인
한번 삶아낸 '건강 라면 전문점'을 준비해 볼까.
라면 하나는 내가 맛있게 잘 끓이는데…"

교직에서 정년퇴직한 친구는
"가정교육에 걱정 많은 이 시대에
나는 '학부모 교육상담소'가 좋겠다"라고
운을 뗀다.

공직에 있다 나온 친구는, 건강을 밑천 삼아
아파트 경비원이라도 해야겠다 싶었는데,
앞으로 시간을 가지면서 직무 경험을 살려
이웃 주민에게 도움이 될 일을 찾아보겠단다.

다만 이 불경기에 초기 비용이 많으면 안 되니
신중하게 고민하겠다고 한다.

저마다 살아오며 다져온 내공 덕분인지,
무기력했던 현실이 보약이었는지,
친구들이 털어놓는 아우트라인이 간결하고 단순하다.

아무말 없이 듣고만 있던 친구도 빠지지 않았다.
"역사 학자 토인비의 좌우명은
'라보레무스(자, 일을 계속하자)'였지…"

'캔 두!'

책방 창업을 말리던 친구가 참고하라며
'서점 경영지표'라는 걸 보내왔다. 여전히 걱정이 많은 것 같다.

어디서 차릴 것인가를 따지는 서점 입지조사에다
상권조사부터 손익분기, 투자계획 등을
주먹구구식으로 하지 말아야 한다고 강조한다.

경영 분석 비율, 도서 회전율, 월별 매출지수,
매출 증가율, 대차대조표 등 20여 항목이다.
솔직히 무슨 뜻인지 알 수 없는 항목이 더 많다.

이 쉽지 않은 자료를 보내준 마음이 무척 고맙다.
어차피 하기로 마음먹었다면 이리저리 따지고 짚어가며
반드시 이겨내라는 진심 어린 응원이리라.

난들, 의지나 자신감만큼 불안하고 두려운 마음이 왜 없을까.
하지만 이럴 때마다 주문처럼 외운다.
반세기 전에 군대서 배운 구호다.

"캔 두!"

점포를 찾아서

결심하고 나니
점포를 구하는 일이 급해졌다.

부동산 중개소가 보이면
닥치는 대로 찾아 들어간다.
때론 전화번호를 적어오거나
인터넷 지도의 로드뷰로 보이는
중개소 간판에 적힌 번호로 전화부터 건다.

조금만 큰길로 나오면 임대료가 너무 비싸다.
주택가 뒷골목도 나쁘지 않다 싶어
가고 싶은 동네 일대를 누빈다.
더 효과적인 방법도 있을 것 같지만
직접 부딪혀 보는 게 좋겠다.

작은 점포는 부동산 중개소에서
크게 관심을 가지고 응대하지 않는 것 같아
좀 서운할 때도 있다.

하지만 어떤 중개사는

자기 집안의 어른 일을 돕듯 친절하게 잘해준다.
고맙다.

그런데 맘에 쏙 드는 점포를 구하기가
그리 쉽지 않다.
점포가 마음에 들면 내 형편에 벅차고
임대료가 부담 없다 싶으면 점포가 눈에 안 찬다.
어쩔꼬.

이런 상황이 반복되면서
아내와 의논해가며 좀 무리하더라도
마음에 드는 점포를 얻어야겠다고 굳어진다.
'책방지기'의 사기도 중요하니까.

점포를 구하다

아침에 부동산 중개소에서 전화가 왔다.
카페 하던 자리인데 한번 보자고.
찍어주는 주소대로 찾아갔다.
우선 큰길에서 안쪽으로 두 번째 집이고
바깥 모양이 말쑥하다. 호기심이 인다.

부동산 중개사를 따라 점포 안으로 들어갔다.

넓이도 적당하고, 단정하다.
여기면 되겠다 싶다.
임대료도 좀 줄여주는 바람에 마음이 굳어진다.
책장 등 집기만 적당하게 들여놓으면
크게 손댈 일도 없어 보인다.

그래서 결정했다.

점포를 얻어놓고 나니 마음이 바빠진다.

점포 계약

점포를 계약하기 위해 중개사 사무소에 모였다.
임대계약서 같은 걸 적어본 기억이 없으니
중개사가 설명해 주는 대로 따를 뿐이다.
해당 건축물대장을 들고 한참 동안 설명하더니
계약에 별다른 문제가 없다고 한다.

내가 '임차인'인지 '임대인'인지
제대로 구분도 못 하는 '임차인'이
계약서를 받아놓고 이름 끝에 서명했다.
책방 주인이 되는 절차의 첫 단추를 채운 것이다.

"나는 반대하지 않았다"

점포를 얻었으니 이제 돌아갈 수 없다.

'시집만 파는 책방'을 준비하고 있으니
우선 마음에 두고 있던 친구부터
찾아가야 하리라.
어릴 때부터 알고 지낸,
평소 본받을 게 많은 친구 ㅈ 시인이다.

사실, 그동안 다른 친구는 몰라도
이 친구에게는 먼저 속을 구석구석 털어놓고
내게 도움이 될 의견을 듣고 싶었다.
그러나 이 친구조차 말릴 것만 같아서 미뤄왔다.
하지만 이제, 누가 말려도 소용없다.
계약했으니 이미 건너와 버렸다. 돌아갈 수 없다.

두서없이 책방 이야기를 늘어놓자마자 친구는
애써 감추려 했지만 강한 우려가 넘치는 눈치다.
가까운 곳에 동네 책방이 두 곳 있으니
함께 가보자며 앞장섰다.

시장통에 차려놓은 책방부터 들렀다.
갓난아기를 안고 있는 젊은 아빠가 주인이다.
책을 파는 것보다
이렇게 아기를 안고 있는 게 더 좋다며 웃는다.
사람 좋아 보인다.

둘러보니 새 책도 있고 헌책도 있다.
오래된 턴테이블 옆에 LP판이 포개져 있고,
갖가지 소품들도 흩어져 있다.
갓난아기를 돌보고 있으니
뭘 물어보고 자시고 할 형편이 아니다.
편하지 않은 마음으로 나왔다.

다른 한 곳은 친구의 제자가 열어놓은 책방이다.
문예창작학과 교수였던 친구의 제자인
이 책방지기도 시인이란다.
새 건물에 깔끔하게 차려진 예쁜 책방이다.

대표를 만났다.
책방을 열고 있는 '현직 책방지기'도
이 어려운 책방을 왜 하려는지 걱정 어린 눈치다.
이게 이 나라 동네 책방의 현실이다.
실감 난다.

책방에 얽힌 이야기를 한참 하더니
출판사와 책 도매상에서
책을 사들이는 방법 등을 설명해 준다.
특히, 재고가 쌓이기 쉬우니
무리해서 책 욕심을 내면 안 된다고 강조한다.

책방을 나와서 헤어지고 난 뒤
친구에게서 톡이 왔다.
'나는 책방 창업을 반대하지 않았다'

답을 했다.
'고맙다'

나를 믿고
스스로 설득해가며

사업계획서 작성부터

그동안 두서없이 메모해 온 내용을 풀어놓고
우선 사업계획서부터 체계적으로 작성하기로 했다.

창업 동기, 자금계획, 업종 전망 및 차별화 전략,
수익구조, 향후 계획 및 비전, 업계 동향,
게다가 사업환경, SWAT 분석 등
적어 내려가다 보니 복잡하고 많다.

주섬주섬 틀을 짜놓고 나니
당장 적어 넣을 수 있는 항목도 있지만
아직 메울 수 없는 칸이 많다.
아니, 어쩌면 끝내 적을 수 없는 칸도 있겠다.

그래서 앞으로, 세무서 찾아가는 '사업자등록'부터
필요한 행정 절차를 하나하나 챙기고,
들여놓을 비품 집기 항목도
빠짐없이 꼼꼼하게 적어보기로 했다.

책장, 책상, 의자, 조명, 냉장고, 오디오,
A보드, 커튼, 공구세트, 음료, 갖가지 소품에다

청소도구, 세제, 비닐장갑, 마스크, 목장갑…
입주 청소를 마치고 나면
이런 게 차근차근 들어와야 하리라.

책 담을 봉투도 준비해 놓고,
카드 결제기도 오픈 전에 챙겨서
사용 방법을 제대로 배워야 한다.

사업자등록

점포를 계약했으니
사업자등록을 위해 상호를 지어야 한다.

가족이 모여 여러 가지 시안을 놓고 의논한 끝에
'시집 전문 책방—산아래 詩'로 정했다.
대구 앞산 아래 카페거리에 들어설
시집만 파는 책방이다.

사업자등록증을 받기 위해 세무서에 갔다.
친절하다. 책방은 면세업종이란다.
신청하고 나면 일주일 뒤에 등록증을 받을 수 있다.

대표자 신분증, 사업자등록신청서,
임대차계약서 사본을 갖춰가야 한다.

은행 계좌 만들기

은행 계좌를 개설하기 위해선
사업자등록부터 해야만 한다.
건물 외부에 간판도 걸어야 한다.
내부 집기가 놓인 사진도 필요하다.
전에는 그렇지 않았는데
요즘은 '대포통장' 때문에 매우 엄격해졌단다.

대기 번호표를 뽑아 들고 한참을 기다리다가
내 번호가 뜨는 창구에 가서 앉았다.
사업자등록증 사본에다
점포 안팎 장면과 간판 사진이 있어도
인터넷 검색을 한 뒤에 서류 작성에 들어간다.

창구 직원에게 사업자등록증, 신분증, 인감도장 등
구비서류를 제출하고 나서
직원이 시키는 대로 따라 하면 된다.

묻는 게 많으니 답할 것도 많다.
어떤 질문은 무슨 뜻인지 알 수 없어
몇 번이나 되묻기도 한다.

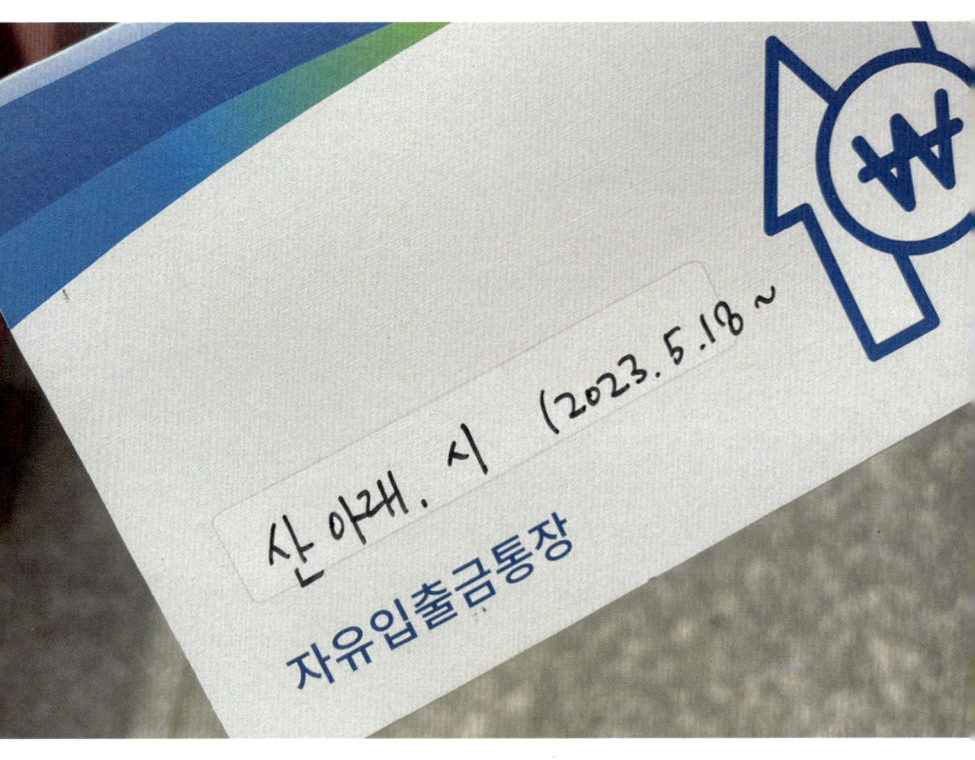

30분 넘게 걸렸다.

일주일쯤 뒤
우편으로 카드를 받을 수 있다고 한다.

책방 창업과 관련된 행정 절차는
이렇게 무리 없이 마무리된 것 같다.

"너무 걱정 마이소"

점포를 얻고 사업자등록도 마쳤으니
이제 본격적으로 책방 준비를 해야 한다.

오랜 인연인 ㅂ 시인을 만났다.

그는 30여 년 전 대구 동성로에서 '시인다방'을 열었던
대구 시단(詩壇)의 전설 같은 시인이다.
당시 '시인다방'은 시집 출판기념회, 시 낭송회 등이 열리는
지역 시인들의 든든한 아지트였다.

그는 내가 시집만 파는 책방을 열겠다고 하니 반색하며
진심에서 우러나오는 동의를 보였다.

"좋은 생각을 했습니다.
도울 일 있으면 적극 돕겠습니다.
잘 될 것입니다. 너무 걱정 마이소"

왜 '시집 전문 책방'?

시집만 파는 책방을 한다니까
모두가 묻는다.

그 흔한 책방 가운데
왜 가장 힘이 들 것 같은 '시집 전문 책방'이냐고.
답은 쉽다.
'내가 하고 싶어서'

몇 해 전에 어느 친구가 말했다. 그는 시인이다.

"작품을 모아 시집을 펴냈는데
주위에 몇 권 나눴을 뿐
서점에는 한 권도 깔린 적 없고
우리 집 책장 한구석에 수북이 쌓여 있다"라고 했다.
그런데 문단에는 이런 시인이 많다고 했다.
"이들 가운데 빼어난 작품도 많은데
도대체 독자를 만날 수가 없다"
라며 안타까워했다.

내가 시인이 아니라서 제대로 알 수는 없지만

詩 한편 마무리할 때까지
얼마나 힘들고 고통스러운 산고를 겪었을까.
오랫동안 꿈꿔온 대로,
내가 만약 앞으로 책방을 열게 된다면
이 소중한 시집들만 모아서
독자 앞에 널리 소개하면 좋겠다 싶었다.
아니, 누가 해도 해야만 할 일 같았다.
그래서 이번 내 책방 창업계획에
'시집 전문 책방'을 맨 앞에 넣었다.

많은 시인의 작품이 넉넉하게 전시된 가운데
詩와 독자가
편하게 만나는 공간을 차리는 것이다.

비품 구입

우선, 책방의 '메인'이라 할 수 있는
'책장'부터 알아봐야겠다.
차 타고 30분 거리의 가구 골목으로 찾아갔다.
거기 가면 책장은 물론, 탁자나 의자 등도
비교해 가며 구할 수 있을 거라 싶었다.
그런데 여기저기 둘러봐도
이거다 싶은 게 쉽게 눈에 들어오지 않는다.

그러다 간판에
'주문가구 제작 전문'이라고 적어놓은 업소를 만났다.
나무 가구 전문이다.
이런저런 모양의 책장을 찾는다고 설명하니
"그런 건 인터넷에 검색해 보는 게 좋습니다.
철제 책장도 디자인 이쁜 게 많습니다…"

아니, 이 불경기에
누가 책장 한 짝이라도 구하러 오면
"세련되고 값싸게 해드릴 테니 현장 갑시다.
실측해서 견적 한번 뽑아 보겠습니다.
어디로 가면 됩니까?"

이래야만 되는 것 아닌가.

그래서 속으로, 나도 장사 수완이 좀 부족하지만
이분은 나보다 한 수 위구나 싶었다.
혹시, 그분 첫눈에 내가
별로 돈이 안 될 고객이라고 느껴졌기 때문일까?
그래도 그렇지.

집에 돌아와서 컴퓨터를 열었다.
책장, 장식장, 디자인 책장, 철제 책장, 철제 장식장 …
이런 검색어를 넣어가며 훑어나갔다.
몇 번이나 반복해 가며 돌아다니다가
가성비 높은 철제 책장을 찾았다.

아내와 자식들에게도 가구 사진을 보여주면서
의견을 물었다. 모두 좋단다.
"감각이 대단하시다"라며 누가 바람을 넣는다.
내친김에 탁자와 의자도 한꺼번에 주문했다.

이 집기들이 들어서고 책이 꽂힐 모습을 상상하니
마치 책방지기가 다 된 느낌이다.

작업복 갈아입고

책장, 탁자, 의자, 진열대는
계약된 일정대로 들어올 게다.
이제 점포 안팎을 책방 구조로 고쳐야 한다.

간판은 간판집에 맡기겠지만
조명기구, 집기 배치, 도색 등은 내 취향대로
작업복 갈아입고 셀프로 마무리할 작정이다.
남들이야 뭐라 하든지
이 또한 내가 하고 싶은 대로 꾸며보겠다.
인터넷으로 배워가면서 내 손으로 다 해내겠다.
물론 가족 의견도 소중하게 반영해 가면서.

우선, 전등 일부는 교체해야 한다.
조명기구 가게에 가서 감성적인 LED 램프를 샀다.
작업이 어렵지 않다.
스위치를 올리니 실내 분위기가 확 달라졌다.
전등 몇 개 바꿨을 뿐인데.

기존에 카페를 하던 자리라서
주방이 차지하는 면적이 너무 넓다.

실리콘 뜯어내고 톱질해 가면서
계산대를 안쪽으로 확 밀어 넣는다.
점포가 훨씬 넓어졌다.
책 진열대를 넉넉하게 하나 더 놓을 수 있다.

누가 문을 살며시 열고 들여다보더니
"여기 뭐 하시려고…"
궁금한가 보다 싶어
"예, 책방 합니다"
그랬더니
"아이구… 다행입니다…"
가까운 곳에 있는 카페 주인이란다.
경쟁 카페가 하나 더 늘어나는가 싶었던가 보다.

이웃 가게에 부담되지 않는 업종이라서
마음이 한결 편하다.

이런 생각을 하면서 무심코 쳐다본 천장 한쪽에
물이 샌 듯한 흔적이 누렇게 말라 있다.
이건 임대인에게 확인해야 한다.

비가 새는 건 아니고
에어컨에서 물기가 비치는 것이라며,

심하다 싶으면 보수를 하겠다고 한다.
크게 걱정할 일은 아닌가 보다.

뜯어놓은 폐집기들은 구청에 전화하면 해결된다.
처리 비용을 송금하고 나니
곧바로 수거 차량이 와서 싣고 간다.

책장 들어오는 날

택배로 배달된 책장을 풀어서
첨부된 설명서대로 하나하나 조립해 보니
어설픈 솜씨라서 그런지 한나절이나 걸렸다.

온종일 혼자서 쪼그리고 앉아
이리저리 맞춰가며 나사를 채운다.
어쩌다 잘못 맞추면
풀어서 처음부터 다시 조립하기도 한다.

이를 지켜보던 남들은 힘들겠다고 하지만
천만에, 나는 재미있다.

조립을 마치고 나니
전문 기사 손길로 다룬 것처럼 완벽하다.

조립을 마친 책장을
한쪽 벽면에 반듯하게 줄지어 세워 놓으니
책방 분위기가 확 살아난다.

모양이 다른 책장이 몇 가지 더 들어와야 한다.

새벽잠 깨어

새로 산 집기와 비품들이 하나둘 들어오면서
자꾸만 쓸고 닦을 일이 이어진다.
때론 사다리도 올라타야 한다.

이 작은 공간에 무슨 일이 잇달아 생기면서
앉았다, 섰다, 올라갔다가 내려와 엎드리기도 한다.
이런 일이 며칠 동안 이어지니
온몸이 욱신거린다.

그래도 좋다.
날마다 이른 새벽에 잠 깨어
날 밝기만을 기다린다.

책이 들어온다

시집만 파는 책방이
개업을 앞두고 있다는 소문이 나면서
자작 시집을 챙겨오는 시인이 늘고 있다.
택배나 소포도 잇달아 들어온다.
텅 비어있던 새 책장에 새 시집이 쌓이고 있다.

이 책방은
미리 사고 싶은 시집 콕 찍어 와서
"그 시집 있어요?"
라고 묻는 책방이 아니다.

들어와서 둘러보다가
"이 시집 좋네요"
라며 한 권 뽑아 들고 돌아가는 책방,
그런, 시집 전문 책방이다.

어쩌면 '책방'이라기보다
참여 시인들의 여러 작품집을 한곳에 모아놓은
'시집 전람회장'이라고 보는 게 맞다.

새로운 시집이 한 묶음 들어오면
시인의 성명, 주소, 책 이름, 수량, 전화번호와
판매된 책값을 보내드릴 계좌번호를 정리한다.

엄지 척

5월 중순인데 초여름 날씨다.
칠곡에서 왔다는 ㅂ시인이
책 묶음을 안고 들어 오셨다.

칠곡은 대구의 북쪽 끝 팔공산과 가깝다.
책방은 도시의 남쪽 끄트머리 앞산 아랫마을이다.
시집만 파는 책방이 문을 연다고 해서
직접 와보고 싶었다고 했다.

버스 타고 50분 걸렸단다.
"쉽지 않은 선택을 했으니
부디 잘 이겨내라"며 엄지 척 한다.

이처럼 찾아오는 시인들 모두
힘내어 성공하라는 말부터 먼저 한다.
'어려운 일 시작했다'고 소문이 난 것 같다.
이 걱정, 하루라도 빨리 걷어내야 하리라.

어수선한 책방 안을 둘러보던 그는
"시인들의 작품을 독자 앞에 두루 선보이는,

시집만 파는 책방이 생겨서 참 좋다"면서
"다른 시인들께도 모두 동참하라고
일일이 권하고 있다"라고 한다.

그렇게도 주위에서 말리던 책방을
끝까지 해야겠다고 고집부렸던 이유,
어쩌면
여기 또 하나의 답이 있는지도 모른다.

'성공 기원!'

지역에 있는 ㅅ 출판사의 대표께서
자작 시집을 한 묶음 보내주셨다.
그리고 따로 주신 핸드폰 문자에서
'다른 시집도 필요하면 언제든지 보내겠다'며
'성공 기원!'이라고 덧붙여 주셨다.
대학교 총장을 역임하신 원로시인 ㄱ 님이다.

며칠 뒤 책방에 찾아오셨다.

부실한 책방지기에게 한참 동안
보약 같은 말씀을 해주시고 나서
이렇게 적어주셨다.

먼 곳으로부터
먼 곳까지
환하게 꽃 피우시길!

나는?

열악한 지역 출판업계에서
활발하고 성실하게 그 역할을 다하고 있는
ㅎ 출판사 ㅅ 대표도 찾아오셨다.
동네 책방 운영과 관련해서 이런저런 정보를 주셨다.
그리고 이곳 시집 전문 책방을 돕는 방안도
지역 문인들과 함께 모색하겠다고 했다.

구청에서 실사 나오는 '서점 인증 제도'를 통해
공공도서관, 학교 도서관 등에 도서 납품하는
공공입찰 관련해서도 한참 동안 설명했다.
책방 운영에 도움이 되면 좋겠다며
이런저런 아이디어와 이벤트도 추천했다.

ㅅ 대표가 가신 뒤 이런 생각이 들었다.

나는 그동안 살아오면서
어려움을 겪는 이웃에게 내 발로 찾아가
힘내라며 따뜻하게 손 한 번 잡아준 적 있었던가?
그것도 일면식 없는 생면부지의 이웃에게…

이렇듯 나는, 책방 문을 열기도 전에
고맙고 소중한 새 인연을 두루 맺어가면서
책방 차린 보람을 하나씩 거두고 있다.

손님이 있을 때는 있는 대로,
아무도 없을 때는 없는 그대로,
이런저런 깨달음과 크고 작은 배움 속에서
책방지기의 하루하루가 이어질 것이다.

대구시인협회 자매책방

대구시인협회 ㄱ 회장이 찾아오셨다.
어떤 사람이 무슨 책방을 꾸려나가려는지
직접 확인하고 싶었단다.

이 책방을 준비하게 된 배경과
앞으로 운영계획 등을 가감 없이 털어놨다.

그는 이 책방이 잘돼야 한다면서
앞으로 도울 게 있으면
협회 차원에서 적극 지원하겠다고 한다.

우선 회원들에게 널리 알려서
이 책방에 지역 시인들의 시집부터
많이 들여놓도록 돕겠다고 한다.
천군만마를 얻은 듯 든든하다.

대구 시인들의 작품집은
이 책방에 오면 쉽게 구할 수 있도록
협회와 책방이 뜻을 모아 추진하자고 한다.

우선 책방 건물 안팎에
'대구시인협회 자매책방'이라 적힌
사인물을 만들어 붙이자고 한다.

그런데
아직 개업도 하지 않았고
객관적으로 검정도 되지 않았기에
책방 문을 연 뒤에 자리를 좀 잡을 때까지
사인물 부착은 좀 미루자고 했다.

개업을 준비하는 과정에 이처럼
하루하루 예상치 못했던 일들이 이어지고 있다.

내 성향이 사교적이거나 외향적이지 못해

시인들이나 관련 기관에 일일이 찾아다니며
구체적으로 설명하고 이해를 구할 처지가 못 되는데,
이렇게 찾아오는 분들이 날로 늘어나면서
한 분 한 분이 더할 수 없는 용기와 힘이 되고 있다.

그러니 고맙다는 말밖에 할 말이 없다.
더 잘 풀어가야 한다는 책임감이
갈수록 무거워진다.

책방의 틀과 방향과 내용에 정답은 없다.
나를 믿고 스스로 설득해가며
내 소신대로 풀어나가는 게 정답이라 믿는다.

詩 읽는 청소년

실내가 덥고 먼지도 나고 해서
책방 문을 활짝 열어놓고 일한다.
들어오는 책을 분류해가며 챙기고
탁자의 위치도
동선을 감안해 가면서 이리저리 옮겨본다.

지나는 사람들이 궁금한지 들여다본다.

고교생 또래 여학생 두 명이 들어왔다.
"여기 뭐 하는 곳이에요?"
"예, 책방입니다. 시집만 팝니다"
"너무 좋아요… 우리 동네에
서점이 하나 있으면 좋겠다고 바랐는데
정말 잘 됐어요. 자주 오겠습니다…"

단골이 생길 것 같다.
책을 안 사도 좋으니 자주 와서 詩를 만나라.

청소년기에 입시 공부도 중요하겠지만
저마다 책가방 속에 교과서와 함께

시집도 한 권씩 넣고 다니면 좋겠다.

우리가 저 나이 땐, 학교 문예반 친구들이
자작시 낭송회를 갖기도 했고
복도에다 알록달록한 시화전도 꾸몄다.
가을이면 이런저런 백일장도 많았다.
누가 외부 백일장에서 상이라도 타오면
전교생 앞에 올라가서 박수를 받기도 했다.
그 자랑스럽던 소년 소녀들이
이미 우리 문단의 어른이 됐다.

한편, 그 빼어났던 글재주를 바탕으로
'문인의 길'을 선택하지 않았던 친구들도
저마다 우리 사회의 각 분야에서
주위의 귀감이 되는 삶을 살아가고 있다.
인문적 소양과 문학의 힘이
그들의 심신을 건강하게 지켜왔으리라.

그러니
우리 책방에 차려진 詩와 시집들에
남녀노소 가릴 것은 없지만,
특히 청소년들의 관심이
보다 많이 모이면 좋겠다.

이 책방 때문에 시집을 가까이 두고
詩를 읽고, 詩를 적어가며 외우고,
詩를 즐겨 낭송하는 청소년들이
갈수록 늘어나면 좋겠다.

보석 같은 시집

택배로 책이 들어와서
혼자서 정신없이 정리하고 있는데
누가 들어와서 묻는다.

"ㅈ 시인님의 시집 있어요?"
"예… 그분 시집은 아직 준비 못 했습니다"
"그 유명한 분의 시집을 아직…"

시집 전문 책방의 주인이라면서
몰라도 한참 모르는 것 같다는 눈치다.

그래서
"이 책방에서는
어느 서점에서나 쉽게 살 수 있는 시집보다,
다른 서점에서 사기 어려운
숨은 보석 같은 귀한 시집을 구해놓고
독자님을 기다리고 있을 것입니다"
라며 이해를 구했다.

성찰과 참회의 공간

그런데 이상하다.
텅 비었던 공간을 시집으로 채워가면서
이제 곧 여기 차려질 '책방 주인'이 된다고 생각하니
이런저런 생각들이 자꾸만 스멀스멀 일어난다.

'책방. 하고 싶다고 아무나 해도 되나?'
'책방지기 기본 소양은? 게다가…'

그러고 보니 책을 사러 책방에 들어갈 때는
빵 사러 빵집에 들어갈 때와는 좀 달랐다.
책이나 빵이나 크게 따져 보면
둘 다 공산품이자 생필품 아니겠는가.
그런데 책을 사러 들어갈 때는
누구나 다들 그렇겠지만, 나도 왠지
마음가짐이 좀 달랐던 것 같다.

그렇다면 정말
'책방 주인'은 아무나 하면 안 된다는 것인가.

그럼 나는?

'삶의 질'은 '생각의 질'에 달렸다는데
살아오면서 나는 내 언어와 감정의 유혹에
순간순간 쉽게 흔들렸으며
맑고, 깊고, 고요한 생각이 늘 부족했다.

가끔씩 '해야 할 말', '하지 말아야 할 말'도
제대로 가릴 줄 몰랐다.
헛소리도 잦았고, 모진 말도 함부로 했다.
늘 '웃는 얼굴'로 살겠다고 마음먹으면서도
'화내고, 굳고, 찌푸린 얼굴'로 살아온 날이
너무 많았다.

이뿐만 아니다.
나 때문에 서운하고, 답답하고, 화나고, 밉고,
원망스러웠던 이웃들은 또 얼마나 많았을까.

특히 자식들에게는
"어질고 선하게 살아야 한다"
라고 가르치면서 나는 늘 그렇지 못했다.
'바담풍'이었다.

이렇듯 '애비'로서, '남편'으로서, '가장'으로서
그 많은 잘못들이 새삼스럽게도

내가 '책방 주인'이 되려는 참에
왜 이렇게도 많이 생각나는가.
왜 좀 더 일찍 차갑게 깨닫지 못했을까.
부족한 자신에게 얼마나 너그러웠기에.

그래서, 어쩌면 나의 이 책방은 앞으로
내가 70평생을 살아오면서 알게 모르게 저지른
크고 작은 잘못을 하나하나 뉘우치고 반성하며,
기억 속의 부끄러운 흔적을 찾아내 씻어 가는
성찰과 참회의 공간이 될지도 모르겠다.

많이 늦었지만,
삶의 가치를 보다 바르게 깨달으며
어질고 선한 삶을 실천하며 살겠다는
그런 다짐의 청정한 도량이 되면 좋겠다.

더 겸손해지고
나에게 더 엄격해지겠다.

이런 각오로 나를 지키고 책방도 지키다 보면
남들에겐 유익하고 아늑한 책방으로,
나에겐
또 다른 의미의 소중한 공간으로 열릴 것이다.

소중한 인연들과

앞으로 책방을 열고 나면
"대구에 시집만 파는 책방이 있다더라"
라는 소문이 사방으로 빠르게 퍼지면서
시집을 펴낸 시인들이 자기 시집부터 권해달라고
앞다투며 시집 꾸러미를 보내주면 좋겠다.

이렇게 보내오는 시집이
우리 책방 구석구석을 빼곡하게 채워가면서
책방이 온통 시집 천지가 되면 좋겠다.

이런 별난 책방에서 나는
TV에 나오는 깊은 산속의 '자연인'처럼
처음부터 마음먹은 대로 나 혼자
북 치고 장구 치고 다 할 것이다.
때론 벅차서 우왕좌왕할 수도 있을 게다.
하지만 초조하게 여기지 않겠다.

이미 이 책방은 태어날 때부터
잘나가는 뭇 서점들과
아등바등하며 경쟁할 운명이 아니다.

그저 내게 주어진 여건 속에서
하루하루를 마냥 감사한 마음으로
분수에 맞도록 다듬고 가꾸어 나가면 된다.

시집만 파는 책방이 들어서는 이곳 대구에는
'시인'이 700명 넘게 살고 있다고 알려져 있다.

책방을 준비하며 자료를 뒤적이다 알았지만
대구에 시인이 이렇게 많은 줄 미처 몰랐다.
전국적으로 이름을 날리는 '대구 시인'들이
지금도 활발하게 작품 활동을 이어가고 있다.
가히 '시인의 도시'다.

그러니 시집만 파는 독립 책방이
이곳 산 아랫마을에 어느 날 '짠~'하고 들어서면,
詩를 찾아오는 소중한 인연들과 함께
이 자리가 날이 갈수록 점점 진하게 숙성되도록
정성과 끈기로 지켜나갈 것이다.

그리하여
앞으로 우리 詩에 대한 사회적 관심이
날로 성장하고 확산하면서,
이 책방이 우리 모두에게 두고두고 잊히지 않을

또 하나의 소중한 문화콘텐츠가 되면 좋겠다.

책방 문은
낮 12시 30분에 열어서 저녁 7시에 닫는다.
그동안 겪어보니, 낮에 문 열기 전에
오전부터 준비할 게 적지 않을 것 같다.
그러니 아마도 나는
늦어도 오전 10시 전에 출근해야 할 것이다.

새로 들어온 책 정리부터 한 뒤에,
창문 활짝 열고 나서
털고 쓸고 닦기를 해야 한다.
첫 손님부터 편하고 쾌적하도록.

순리를 따라야
뒤탈이 없다

'커피는 커피집에서 시집은 책방에서'

책방을 연다는 소식에 찾아와서
"커피를 팔아야 점포세라도 빠진다"
라며 권하는 이들이 많다.

하지만 나는
처음부터 '시집만 팔겠다'고 마음먹은 대로
고집을 부리고 있다.
아니, 남들 하라는 대로 따를 것 같으면
내가 이 일을 왜 해?

'시집'을 팔면서 '커피'도 팔면
머지않아 문 닫을 것 같고,
'시집만 팔면서' 독하게 정체성을 지켜가면
끝까지 이 책방은 살아남을 것이라 믿는 것이다.

그래서 작은 냉장고에 생수병만 잔뜩 채워뒀다.
마실 게 필요하면 이 생수를 권할 작정이다.

더 이상 "커피 팔라"는 얘기가 나오지 않도록
'시집은 책방에서 커피는 커피집에서'

라고 크게 확 써 붙일까?

책방 창가에 앉아
詩를 읽거나 詩를 쓰는 분들이
커피 생각이 난다고 하면
책방 가까운 곳에
맛있는 커피집이 있다고 소개할 것이다.

너무 야박하다고 여길 것 같지만
시집 전문 책방에서
시집보다 커피가 더 많이 팔리면 안 되니
어쩔 수 없다.

"더 좋은 작품 써야겠어요"

책장에 오르는 책이 늘어나면서
시인들의 방문도 잦아지고 있다.
자작 시집을 소포나 택배로 보내고 나서
오픈 때까지 기다리지 못해 찾아왔다고 한다.

오시는 분들마다
책방에 들어서자마자 책장에 가서 자기 시집부터 찾는다.

시집을 찾아 들고선 너무 좋아한다.
자기 시집인데 처음 보듯 책장을 넘겨 가며
새삼스럽다는 듯 환하게 웃는다.
이리저리 사진도 찍는다.

이 책방 때문에
더 좋은 작품을 써야겠다는 시인도 있다.

그러니
나도 이 시인님들 덕분에
더 좋은 책방으로 가꾸어 가야겠다는 각오를
새로이 다진다.

詩?

나는 詩를 잘 모른다.
그 흔한 '문학 개론'조차
밑줄 쳐가며 한번 읽은 적 없다.

하지만 젊을 때부터 서점에 책 사러 가면
시집 코너를 둘러보다 한 권씩 보태곤 했다.
왜?
나도 잘 모르겠다.

그런데 우연히 만난 어떤 詩는,
솔숲 사이 내리는 햇살처럼 정갈하다가
느닷없이 다가와 죽비처럼 내리치고
쏟아지고, 때론 나를 마구 흔들 때가 있다.

어쩌다 마주친 또 다른 詩는
빙하에서 떨어져 나온 얼음산 같아서
달랠 수 없어 그때마다 속수무책이었다.
이 때문에
처절한 에너지로 나누고 쪼개어
갈증처럼 삼킬 수밖에 없을 때도 있다.

한편, 평생을 이름 없이 묻혀 사는
내 친구 ㅇ 시인의 첫 시집을 갖고 있다.

이제 빛바래고 낡아버린 그의 시집은
오랫동안 내 가까이에 있다.
펼칠 때마다 차갑거나 따뜻하고, 향기롭고,
때론 회초리 같다.

요즘 나는, 시집이 쌓이는 책장 앞에서
이런 생각을 한 번씩 한다.
시인님들이 들으면 경악할지 모르겠으나
내가 詩를 잘 모르니 하는 생각이다.

'詩나 시집이 우리에게 '문학', '인문', '교양'…
뭐 이런 역할도 중요하겠지만
우리가 평소 입에 달고 사는 커피나
쿠키, 치킨, 캔맥주 같은 친근한 소비재로
늘 향기롭고 맛있고 시원하게
우리 곁에서 편하게 더불어 함께 살면 좋겠다.

점심 먹고 난 뒤에 너도나도 커피집 찾아들듯
식당 나와선 하나 둘 책방에 들르고,
편의점 갔다 오다가

길 건너 서점 가서 시집도 한 권 사는 게
우리들의 꾸준한 소비 습관으로 널리 번지면 좋겠다.

이렇게 우리 詩의 새 지평이 열리면서
집집마다 거실 탁자에는 시집이 놓이고,
노래방에선 요즘 유행하는 트로트도 좋겠지만,
가끔은 노래 대신 애송시를 낭송하는
그런 엉뚱한 사람들이 자꾸만 늘어나면 좋겠다…'

머지않아 오픈을 앞둔 이 책방에선
온종일 이런 상상이 이어지다 멈추고,
멈추다 다시 이어지곤 한다.

나는 이 책방을 열고나면, 틈나는 대로
책장 속에서 기다리는 詩를 향해 다가가
서툰 말 걸어가면서 날로 친해질 것이다.
아무 시집이나 손에 잡히는 대로 꺼내서
아무 페이지나 열어가며 詩와 사귈 것이다.

내가 한 번 훑었다고
새 책값 받는 게 잘못은 아닐 테니
마음 편하게 많은 詩를 반복해 가며 만날 것이다.
'남들이 쉽게 누리지 못할 큰 복'이라 여기며.

어떤 버릇

언제부터인지 기억에 없다.
내 승용차 옆자리 뒤 포켓에는
늘 얇은 시집이 한 권 꽂혀있다.

차 세워두고 누굴 기다리거나
시간을 때울 때면 한 번씩 꺼내어
아무 페이지나 열어가며 읽곤 한다.

詩가 아무리 짧아도 이미 잘 외워지지 않는 나이다.
생각 없이 그냥 편하게 읽는 거다.

그러다 누가 내 차를 타면,
그 헌 시집을 "선물…"이라며 건네기도 한다.
그리곤 또 다른 시집을 구해서
그 자리에 꽂아둔다.

아마도 이런 관심과 버릇들이
내 속에서 꿈틀거리다가
시집만 파는 책방을 여는 데
힘을 좀 보탰는지도 모른다.

어느 술집에서

이런 일도 있었다.
지난 1985년쯤이었으니 40년 다 된 기억이다.
그땐 맥줏집에 작은 무대를 두고
기타맨이 손님들의 신청곡을 받아서 반주를 하면
테이블마다 돌아가며
한 사람씩 앞으로 나가서 노래를 부르는
속칭 '오부리'라는 술집 문화가 있었다.

어느 날 퇴근 후
친구들과 가볍게 한잔하자며 모인 술자리였다.
권커니 잣거니 하다가 무심코 홀 안을 둘러봤다.
그런데 저 앞쪽 구석 자리에
나는 그를 잘 알지만, 그는 나를 모르는
어느 원로시인이 맥주잔을 들고 있었다.
지금은 고인이 되셨다.

앞자리 무대에선 흥이 오른 취객들이 돌아가며
기타 반주에 맞춰
저마다의 애창곡을 부르고 있었다.
내 차례가 왔다.

술기운이 슬슬 발동됐다.
일어나 앞으로 나가서
넘겨주는 마이크를 받아들고선
반주를 준비하는 기타맨에게
"제 노래 대신에
잔잔한 반주를 한 곡 부탁드립니다.
소리 좀 낮춰 깔아서…"

잠시 머뭇거리던 기타맨이
알았다는 듯이
볼륨을 낮춰놓고 연주를 시작했다.
유심초의 '사랑이여'로 기억한다.

나는 이 반주에 맞춰
노래 대신 엉뚱하게 시 낭송을 시작했다.
그 시절 내가 몇 개 외우던 서정시 가운데
마침 그 원로시인의 '그리움'이라는 작품을
술 취한 목소리로 낭창하게 외우기 시작했다.

낭송하면서
힐끔힐끔 그 시인 쪽으로 쳐다봤다.
시인은 이미 술자리에 깊이 빠져
자기 작품을

누가 마이크 들고 외우고 있는 줄도 몰랐다.
시가 절반쯤 넘어갈 무렵,
갑자기 시인의 동작이 굳었다.
술이 확 깨는 듯한 모습이었다.

그 뒷얘기는 더 하지 않아도 충분히 짐작될 게다.

"한 50편 정도 외웁니더"

'詩' 때문에 참 부러울 때도 있었다.

대구에서 은행장을 지낸 어느 금융계 인사는
대중 스피치를 할 때마다
詩를 인용해서
그 내용을 맛깔나게 표현한다고 소문나 있었다.

어쩌다 그와 모임을 함께 할 기회가 있었다.
회원들이 단체로
전세버스를 타고 어느 행사장으로 가는 길이었다.
그가 버스 안에서 일어나
詩를 끼워 넣은 즉석연설을 감칠맛 나게 했다.

발표를 마친 뒤 내 뒷자리 앉은 그를 돌아보며
"행장님께선 詩를 몇 편이나 외우시길래
인용하는 詩가 그때마다 다 다릅니꺼?"
라고 물었다.
"요새는 기억력이 떨어져서 한 50편 정도 외웁니더"
라고 했다.
놀랐다.

그리고 그 기억력이 부러웠다.
그가 예순 초반이었을 때였다.

파주에 사는 ㄱ 시인

파주에 사는 ㄱ 시인으로부터 전화가 왔다.
한 번씩 시집으로 베스트셀러를 기록하는 시인이다.
어릴 때 맺은 인연이지만
멀리 있어 자주 만나지 못하고 살았다.

책방 차린다는 소식을 들었다고 했다.
출판사에 연락해서 그동안 펴낸 시집들을
두루 보내겠다고 했다.

며칠 뒤, 그가
페이스북에다 이 책방을 소개하는 글을 올렸다.
답글이 주르륵 달렸다.

골라서 담지 않고, 편집 없이 이름만 가린 채
첫 댓글부터 순서대로 몇 칸 옮겨보면

> 🙍 최○배
> 시집 책방 "산아래 시" 상호도 이쁘네요. 돈을 버는 것과는 거리감이 있겠지만 모두 동참해 주시니 고마운 일입니다. 저도 한번 가보고 싶네요.

> 🙂 김O미
> 반가운 뉴스예요!

> 🙂 김O욱
> 시를 좋아하는 이들에게는 좋은소식이로군요! 짝짝짝!!!
> 〈산아래, 시〉 주소: 대구 남구 현충로7길 6..

> 🙂 임O내
> 우~와 어찌 이런일이!!! 멋집니다 참으로 멋집니다^^

> 🙂 최O성
> 진짜 너무 멋집니다~^^ 서점대표자분, 그리고 소개글 적어주신 김선생님 모두 멋지십니다!

> 🙂 진O
> 저도 지지난주에 대구 시인으로부터 카톡을 받고 보냈어요. 또 몇 군데 그룹에 공지로 올리고요. 산아래 시집전문점이 유명 메카가 되어서 그 지역이 명소가 되었으면 하는 바람입니다.

> 🙂 최O영
> 시집만 파는 책방이라니 그 자체가 시입니다. 기회가 되면 꼭 가보고 싶은 서점이네요~

이런 글들이 계속 이어진다.

이 빚을 어찌 다 갚을 꼬.

인스타그램 열다

제주도 사는 친구가
소문 들었다며 전화가 왔다.

블로그는 필수며
페이스북도 서둘러 하란다.

인스타그램은 재미 삼아 해본 적 있으나
블로그와 페이스북까지
알뜰히 관리할 자신은 아직 없다.

인스타그램부터 해보자.

쉽게 시작한다.
우리 책방에 있는 시집을
한 권씩 소개하면 어떨까.
탄력이 붙으면
시 낭송 영상물도 올리고.

순리를 따라야

책방을 개업하기도 전에
ㅇ 시인의 새 시집 출판기념회를
이곳 책방에서 가지면 좋겠다는 뜻을 전해왔다.

이 얼마나 고마운가.
옛 직장 후배가 서툰 솜씨로 시작한 책방에
좋은 기운을 불어넣어 주고 싶은
그 마음이 진하게 느껴진다.

그런데 차분하게 돌아보니 불현듯
욕심부릴 일이 아니다 싶다.

명망 높은 원로시인의 출판기념회를
경험 없는 이곳 새내기 책방에서 하겠다고
넙죽 받아들일 일은 아니라는 것이다.
뭐든 순리를 따라야 뒤탈이 없다.

그래서, 고마운 마음만 받아 새기고
행사는 앞으로 책방이 안정되면
그때 봐가면서 다시 의논하겠다고 했다.

며칠 뒤 ㅇ 시인이
새로 나온 시집을 들고 찾아오셨다.
정리가 덜 된 책방을 둘러보며
한참 동안 섬세하게 많은 가르침을 주셨다.

안온한 에너지가 책방 가득 넘쳤다.

온갖 우려 속에서도 고집부려가며
책방을 차리고 싶어 했던 나의 바람이
이런 기운 속에 하나하나 채워지고 있다.

화룡점정(畵龍點睛)

아내가 크고 작은 화분을 여럿 챙겨왔다.
분위기를 살리는 데는 화분이 필수라며.

여기저기 자리를 잡으니
맞춤형 같다.

개업 준비의 화룡점정이다.

마수걸이

책방을 정식으로 오픈하지도 않았는데
단체 손님이 들어오는 바람에
시집 10여 권을 한꺼번에 팔았다.

아직 카드 결제 시스템을 갖추지 않았고
거스름돈도 준비해 놓지 않았다며
개업한 뒤에 오시면 고맙겠다고 해도
현금 받으면 된다며 책값을 내놓는다.

난감했다.

고객 입장에서 보면
이래 가지고서 무슨 장사를 하겠나 싶을 정도로
서툴기 짝이 없다.
어찌 보면 당연하다.
내 점포에다 내가 진열해 놓은 상품을 팔고
그 물건값을 받는 일은 난생처음이다.

컴퓨터에 담을 수도 없고
판매 장부도 없으니

빈 종이에다 책 이름과 책값을 적어가며 팔았다.
7~8명이 책을 들고 줄 섰다. 졸지에 대박(?) 났다.

개업도 하기 전에 뜻밖의 마수걸이를 한 셈이다.
진땀을 빼며.

개업일?

책방이 모습을 갖춰가면서
개업일이 언제냐고 묻는 분들이 늘어난다.

아직 정하지 않았다고 말하지만
이 책방은 개업일이나 개업 행사가 따로 없다.
내가 '이제 그럭저럭 준비가 다 됐다' 싶으면
그다음 날이 바로 개업일이다.

그러니 남들처럼
개업 안내장이나 단체 문자를 보내거나,
안내장 받은 분들의 축하 화환을
책방 앞에 줄지어 세우는 일은 없다.
창업을 준비하면서 그린 밑그림에서부터 아예 빠졌다.

책방에 어울리는 화분은
이미 아내가 챙겨서 여기저기 제자리 찾아놓고
몇 차례 물까지 줬다.
그러니 내가 '오늘부터다' 싶은 날이 개업일이다.

물론 '개업 떡' 나눌 일도 없다.

이런 마음이 모여서

詩도 쓰고 그림도 그리는 ㄱ 시인이
'개업 축하 그림'을 보내왔다.

오늘 저녁에 출발한다니
아마 내일쯤 대구 도착할 지인 편에
서점 개업 축하 그림 하나 보낸다.
지금 ㄱ 갤러리에서 전시하던 그림인데
사실은 이미 판매된 그림이다.
그 서점에 딱 맞는 그림이다 싶어
그림을 사 가신 분께 다른 그림으로
교환해 드리면 어떻겠냐고 물었다.
시집 전문서점이라는 사연을 들은 그분은
잠시 생각하다가
교환해 줄 필요 없이
자기가 산 그 그림을
서점에 기증하겠다고 하셨다.
기증자는 널리 알려진 '정목스님'이시고
그림 제목은 '책 읽는 고양이'.
기꺼이 받아서 서점에 걸어놓고
많은 사람이 좋아해 주면 나도 좋겠다.

갖고 가는 친구에게 위치와 전번 알려줄게

이런 마음이 모여서
이 책방을 열어가고 있다.

아무도 모른다

개업을 앞두고 이 책방이 제 모습을 서서히 드러내자
책방 창업한다고 했을 때 말리던 이들이,
이제 노년에 사랑방 하나 마련했다 치고
수익에 연연치 말라고 다독인다.

찾아오는 친구들과 편하게 시간 보내면 되지,
절대로 무리하지 말라는 게다.
크게 틀린 말은 아니다.

하지만 너무 걱정들 않아도 될 게다.

로미오의 독백 속에 나오는
'깨어있는 잠', '차디찬 불', '무거운 가벼움'처럼
이 초보 책방지기에게 앞으로

'불안한 안정', '갇힌 자유', '독박 같은 대박'이 기다릴지
아무도 모른다.

자작시 낭송회

찾아오는 시인들이 일주일에 한두 번
자작시 낭송회를 갖자고 한다.

작가의 詩 세계 및 삶의 철학 등을
독자들 앞에 털어놓는 자리다.

누군가 詩는 '가슴으로 읽는다'고 했다.
눈으로 읽든, 머리로 읽든, 가슴으로 읽든
詩를 읽는 것은 다 좋지만
낭송으로 들을 때는
詩의 또 다른 역할이 있다고 느낀다.

한 20년 전,
대구의 어느 구청 강당에서
시 낭송 모임이 있었다.
구청에서 지역주민들을 위해 마련한 행사였다.

당시 그 구청의 구청장은
신임 구청장 취임식 때 남들처럼 틀에 박힌
'선거공약 실천 방향'이나

'구정 방침' 등을 쏟아내는
딱딱하고 장황한 취임사 대신
짤막한 애송시 한 편을 낭송하곤
단상을 내려갔다고 한다.
김용택 시인의
'꽃산 찾아가는 길'이었다고 전해진다.

이렇듯 신임 구청장의
'우리 지역주민의 '꽃산'을 찾아 드리기 위해
멀고 험한 길 힘내어 나서자'는 내용의
이 별난 취임사에
구청 공무원들은 하나같이 깜짝 놀랐다고 알려졌다.

평소 독서도 많이 하고, 詩도 좋아한다고 소문난
그 구청장이 그해 가을 어느 날
지역민들을 위해
구청 강당에다 시 낭송회를 마련했다.

나도 그날 퇴근길에 찾아가서
강당 맨 뒤 구석에 자리를 잡았다.

그런데 분위기가 한창 무르익어갈 무렵,
갑자기 눈물이 나는 바람에 당황했다.

옆자리에 앉은 분들의 눈치가 보여서
안경을 올리는 척,
흐르는 눈물을 슬쩍슬쩍 훔쳤다.

그때만 해도, 남성 호르몬이 줄어들거나
여성 호르몬이 넘칠 나이가 아닌데 그랬다.
속으로 생각했다.
'아직도 어떤 詩를 만났을 때,
세파와 속진에 찌든 내 가슴이
이렇게 촉촉해질 수 있다니
참으로 다행이다'

그 뒤로 시 낭송회는 내게 또 다른 의미로 친해졌다.

그래서 내가 차린 이 책방에서
시인의 자작시 낭송회를 갖게 되는지도 모른다.

이 책방은 이렇듯
독자가 시인을 만나고, 시인이 독자를 만나서
'詩'가 주인 되는 공간이 될 것이다.

고이 섬겨야

믿을 수 없겠지만
책방 창업을 준비하면서 나는
'도서구입비'를 예산에 책정하지 않았다.

아마도 이런 책방은 없을 것이다.
여기 들어온 모든 시집이 다 그렇지는 않지만
'자비출판 시집' 위탁판매 중심이다.

그러니 책값을 들이지 않고
책방에다 시집을 가득 채운 것이다.

따라서 창업 비용이라고는
전세 보증금, 월 임대료, 책장과 탁자 등 집기와
자잘한 전구, 테이프, 문구류 등에다
청소용품값 정도다.
말쑥한 점포를 얻은 덕분에
실내 인테리어 비용도 크게 들지 않았다.

40년 전 책방을 차려본 기억으론
초기 비용 가운데 도서구입비가 만만치 않았다.

그러니 나는 얼마나 쉽게 책방을 차렸는가.

이 시집은 정가의 10% 할인가에 팔고
그 판매가의 60%를 정산해서 작가에게 드린다.

책을 보내오는 시인들에게 이를 알렸더니
"50%만 줘도 된다"
"안 줘도 된다. 어려울 텐데 책방 살림에 보태라"
등의 선심성 반응이 쏟아졌다.

고맙지만 싫다.
내가 고집부려가며 '60%'로 굳혔다.
왜?

오해하지 말라.
내가 돈 걱정 없이 사는 부자인 것처럼
이상한 호기를 부리는 것은 절대 아니다.
나도 살림이 그리 넉넉하지 않은 가장이다.
그러니 10%라도 더 많이 받으면 좋다.

하지만 이 일은
계산기 두드리며 '수익성'부터 따질 일이
아니라는 생각이다.

'시집 한 권 팔아서 얼마를 남기느냐' 보다
우선, 이곳 책방에 참여한 '시인'과 '작품'에 대해
나부터 먼저 시인 한 분 한 분을 귀하게 섬기며,
시집 한 권 한 권을 항상 소중하게 받들어야만
이 책방이 오래 살아남을 수 있을 것 같아서다.

목말라 했으니
샘 깊이 파낼 것

詩의 힘

한창 책 정리에 정신없는데
책방 옆 레스토랑 사장이 찾아왔다.
이 동네 카페·레스토랑 업주 모임의 회장으로
이곳 카페거리 활성화를 위해 고민이 많다고 했다.

이런저런 그의 이야기를 듣다가
'나도 이 동네에서 시집 전문 책방을 열게 됐으니
어쩌면 이들의 고민에
우리 책방이 맡아야 할 역할이 있을 수 있겠다.
'詩'와 '카페'가 그리 어색하지 않은 조합이니
우선, 이곳 카페거리에 '詩'가 흐르게 하면 좋겠다' 싶어서
일하던 장갑을 벗고 마주 앉았다.

"이미 아시겠지만
해마다 11월 1일이 '詩의 날'이지요.
가을이 깊어갈 무렵, 이곳 카페거리에서
'앞산 카페거리 詩축제'를 열면 어떻겠습니까?"
다짜고짜로 본론부터 툭 던졌다.

" ... "

"축제 기간에 업체마다 실내에 시화 액자를 걸고,
통행에 불편을 주지 않는 길거리에도 전시하고,
공간이 허락하는 곳에선 시 낭송회를 열고,
시화가 그려진 예쁜 카드도 나누고…
이런 내용 등으로 회원 업체와 협의 한 번 해보시지요"

이곳 '대구 앞산 카페거리'에 봄이 오면
산으로 오르는 현충로 벚꽃 가로수 터널이
환하게 밝은 꽃대궐을 이룬다. 대구의 벚꽃길 명소다.
게다가 이 길에 가을이 짙어갈 때면 또 한 차례,
이 줄지어 선 벚나무들이
화려한 단풍으로 새 옷 갈아입고 우리를 기다린다.

'詩 축제'라고 이름 붙여놓고 모여들어서
詩를 누리고 나누기에는 이만한 곳도 없다 싶다.
가만히 듣고 있던 그가
"좋습니다. 우리 회원 업체들도 다 동의할 겁니다.
조만간 한번 모이겠습니다"

이 즉흥적인 제안에 결과는 장담할 수 없어도
뜻밖의 성과를 거두게 될 것 같은 예감이다.

'詩의 힘'을 믿는다.

세상은 넓고 '시집'은 많다!

시집이 잇달아 들어오고 있다.

개업을 앞두고 대구·경북 시인 110여 명,
수도권 및 경남, 전남, 강원도에서도 일부 동참했다.
대다수 시인이 저마다 10권씩 보내왔으니
시집을 1000권 넘게 받아서 문을 열게 된다.

참여 작가는 오늘도 계속 늘어나고 있다.
이제 대구·경북 밖에서도 문의 전화가 잦다.
이 작은 책방에 받아들일 한도가 있으니
보내준다고 계속 받을 수 없겠다는 걱정도 든다.

이 책방을 열면서 알았다.
'세상은 넓고 '시집'은 많다!'

어느 도시 어느 지역 할 것 없이 '시인'은 많다.
따라서 '시집'도 그만큼 많으리라.

이 시집들 가운데 대다수는
시인의 집에서 그대로 먼지만 덮어쓰고 있다가

나중에 어쩔 수 없어
한 뭉치씩 모두 폐지로 처리된다고 한다.
엄청난 낭비요 국가적 손실이라 할 수 있다.

물자 낭비나 경제적 손실로만 따질 게 아니다.
그 책 속에 실린, 혼이 담긴 작품을 생각하면
시인으로선 가히 억장이 무너지리라.

그러니 중앙정부나 지방자치단체에서도
이런 자비출판유통 현실을
문화정책의 사각지대로 받아들여서
이를 풀어나갈 방안을 적극 모색하면 좋겠다.

책의 자리

여기 시집들은
일주일에 한 번씩
옆으로, 아래위로
자리를 옮겨갑니다.
저마다
독자님들을
두루 만나고 싶어서…

책 놓인 순서가 늘 마음에 걸려서
책장에다 이렇게 적어 놓았다.

가장 눈에 잘 띄는 곳에 놓인 책,
또 어쩔 수 없이 구석에 가려진 책,
이렇듯 책방 규모와 책장의 구조적 이유로
책들이 불공평하게 진열될 수밖에 없다.

그래서 앞으로 책방 문 열고나면
일주일에 한 번씩이라도
자리를 옮겨야겠다고 마음먹었다.
그래야 공평하니까.

책을 옮기면서 책장 뒤도 닦아내고 하니
일석이조다.

'문 열 날'이 다가온다

참여 작가가 늘어나고
들여놓는 책도 그만큼 많아지면서
책장이 부족해졌다.

공간에 맞춰서 책장을 들여야 하니
인터넷 구매가 어렵다.
주문 제작 목공소에 전화로
가로, 세로, 깊이 등을 불러주며 색상도 정했다.
목공소에서 내 전화를 받으며 손으로 그린 그림을
톡으로 보내왔다.
확인했다고 답을 하니,
이틀 뒤에 설치해 준다고 한다.

책장이 들어온 날, 사위와 딸이 왔다.
정리가 되지 않은 채 쌓여 있던 시집을
사위가 새 책장에 차곡차곡 차렸다.

물걸레 빨아 들고
구석구석을 닦고 있던 딸도
책이 들어오니 상상했던 것보다

훨씬 아늑하고 예쁘단다.
책방지기에게 힘을 주는 멘트다. 고맙다.

오픈하지 않은 책방이지만
이미 잠시도 자리를 비울 수 없다.

택배가 왔다는 전화가 잇따르고,
책을 싸서 들고 찾아온 시인도 전화로
닫힌 문 앞이라며 언제 오는가를 묻는다.

책방에 있을 땐 잘 안 오던 전화가
밖에만 나가면 꼭 오는 것 같다.

진짜 첫 손님

아직은 개업하지 않았지만
지나가다가 간판을 보고 들어왔다는
정말 모르는 '진짜 첫 손님'이 두 분 오셨다.

이리저리 한참을 둘러보며
책을 펼쳐가며 詩도 읽고
책방 분위기가 마음에 든다며
책장 앞에서 서로 사진을 찍어주기도 한다.

책 사러 오셨으니 반갑고 좋아야 할 텐데
서툰 새내기 책방지기라서 그런지
왜 이렇게 긴장되는지 모르겠다.

책장에 오르지 못하는 시집

택배나 우편으로 책이 들어오면
시집을 펴낸 작가의 편지도 책에 얹혀 온다.

책방을 차려줘서 고맙다는 내용들이다.

그런데
'이 시집이 판매되면 책방을 위해 사용해 주세요'
'이 책 대금은 책방에 기증합니다'
'이 책은 기증합니다. 책값은 안 주셔도 됩니다'
이런 내용들이 적지 않다.

편지뿐만 아니다.
손수 책을 들고 오시는 분들도 그렇다.
"책값은 고마 놔 두이소…"

내가 이 책방을 준비하면서
운영비를 걱정하지 않았다면 거짓말일 게다.

그렇다고 작가로부터 '공짜 책' 받아서
그 책 팔아 운영비에 보태서야 되겠는가.

물론 그 고마운 마음이야 모를 리 없다.
하지만 우리 책방에선,
책값을 보내드릴 계좌번호가 없는 책은
처음부터 책장에 올리지 않는다.

준비 끝!

대학노트 3권을 샀다.
가나다순으로 시인 명단과 전화번호, 주소,
계좌번호, 시집 이름, 입고 수량 등을 적었다.

컴퓨터에 정리하는 것보다
볼펜 들고 손으로 정리하는 걸 택했다.
불편하고 복잡하지만 '종이 장부'가 맞다고 생각했다.
이 책방은 운영 시스템이 좀 별나서
남들은 편하게 다 사용하는
'POS 프로그램'으로 정리가 안 되기 때문이다.

카드 결제기도 들였다.
사용법을 익히는 데는 오래 걸리지 않았다.
책값을 받는 방법은 카드와 현금뿐만 아니라
스마트폰으로 들이대는 'ㅇㅇ페이'도 있고,
계좌로 송금하기도 한다.
그래서 카운터 한쪽 구석에 계좌번호를 적어 붙였다.

이렇게
책을 팔고, 책값을 받을 준비도 다 됐다.

詩 한두 편은 꼭 읽고

오픈을 앞두고 마무리 손질에 분주한데
키가 큰 중년의 손님이 들어오셨다.

좀 어수선한 분위기에도 아랑곳하지 않고
이리저리 책장을 둘러보다가
시집 한 권을 뽑아 들고선
창가 구석 자리에 걸터앉았다.

아무 말 없이 詩만 보고 있었다.
탁자를 옮기거나 책을 정리하면서
잡음을 내기가 조심스러웠다.

냉장고에서 생수를 한 병 갖다 드렸다.
고맙다며 웃는다. 온화하다.

다시 침묵이 흘렀다.
한참 뒤 그분이 일어서서 다가왔다.

"이 시집은 다음에 사도록 하고,
오늘은 그냥 가겠습니다.

고맙게 잘 읽었습니다"라며
좀 불편한 기색으로 민망해한다.
그래서
"아닙니다.
개업을 하기 전에 오셔서 아직 판매할 준비가 덜 됐습니다"

어쩌면 앞으로도 이런 일이 또 있으리라.
이런 분 오시면 좀 더 편하게 해 드려야겠다 싶어
책장 한쪽에다 이렇게 적어 붙였다.

시집을
꼭 사야 하는
책방이 아닙니다.

대신,
어느 시집이라도 좋으니
詩 한두 편은
꼭 읽고 가시면
고맙겠습니다.

책방에는
들어오기 쉽고
나가기도 편해야 하리라.

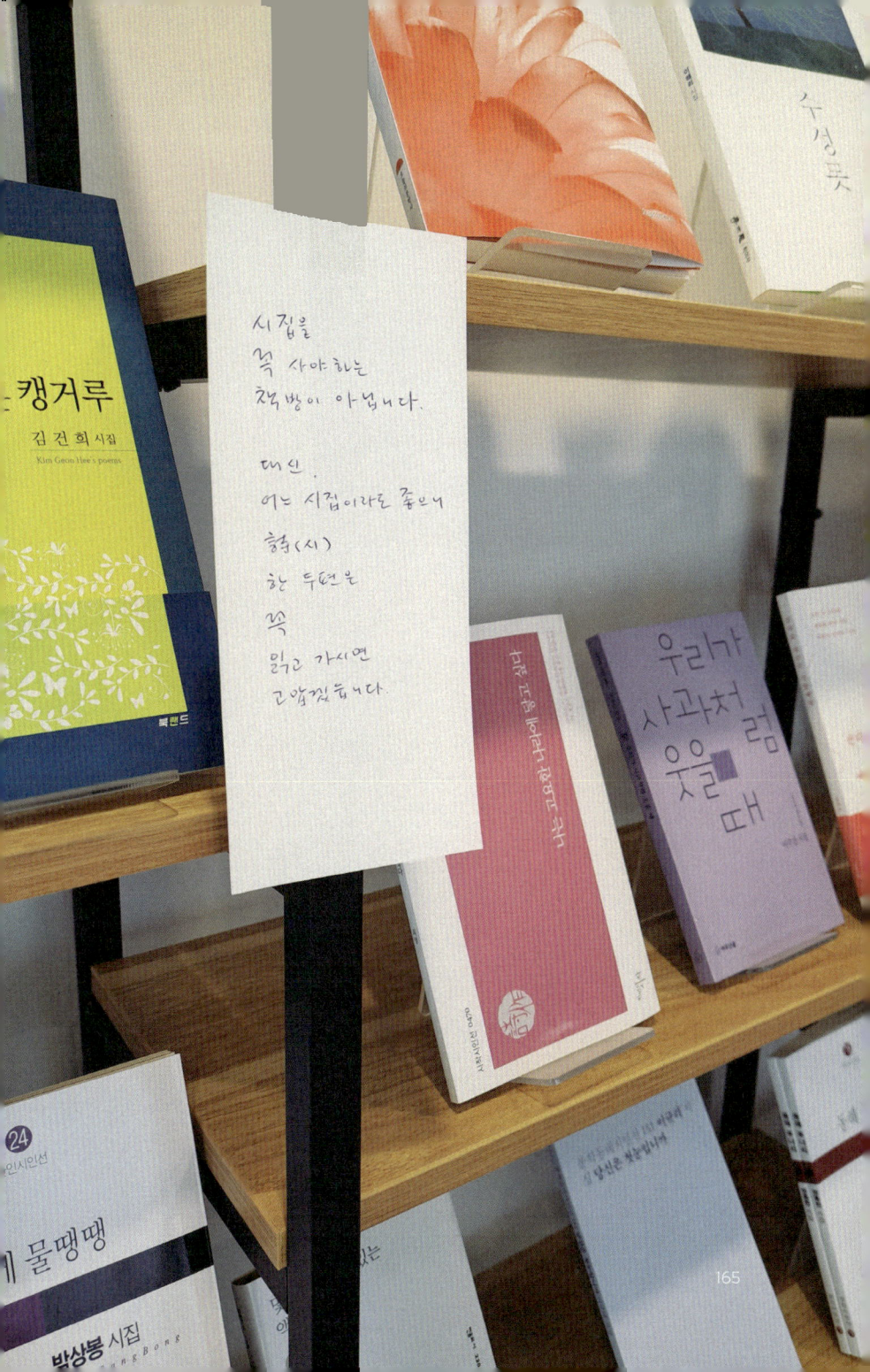

'詩의 시간'을 기다리다

젊었을 때 가끔,
겨울 철새인 흑두루미를 만나러 간 적이 있다.

대구 달성군 화원에서 사문진교를 건너
고령군 다산면의 낙동강 따라 열린 둑 위에 오르면
언 강을 타고 온 겨울바람이 뺨을 에듯 추웠다.

흑두루미는
해마다 11월에 이곳으로 날아와 월동하고
이듬해 2월이면
북쪽 시베리아로 돌아가던 겨울 귀빈이었다.

검은 윤기가 흐르는 말쑥한 깃털의 이 겨울새는
한꺼번에 수십 마리 또는 수백 마리씩
무리 지어 날아다녔다.

텅 빈 하늘에 갑자기 어디선가 새들이 몰려들어
강변 모래톱에 줄지어 내려앉으면
그 자태가 참으로 곱고 화려했다.

그러다가 '크루루… 크루루…' 울며
한꺼번에 날아올라 하늘을 덮으면
탄성이 터져 나오는 장관이 눈앞에 펼쳐졌다.

하지만 이 겨울새를 만나러 가면
그때마다 늘
새는 나를 기다리고 있지 않았다.

그래서 나는
얼어붙은 강을 따라 발 시린 흙길을 순례하듯 걸으며
그 강둑 위에서 하염없이 새를 기다렸다.
새들이 날아올 것이라 믿었기 때문이다.

이 '믿음'을 알아차렸는지
새들은 어김없이 날아와서
엄동의 혹한 속 기다림을 헛되지 않게 했다.

이제 나는
주위에서 거듭되는 강한 우려와 만류 속에,
겨울 강변에서 새를 기다리던 마음으로
그때처럼 혼자 이곳 책방에 들어와서
'詩의 시간'을 기다리게 된다.

난(蘭)

경북 청도에서 농사를 지으며,
책도 쓰고 특강도 다니는 ㅈ 선생이
책방 소문을 듣고 참한 蘭을 들고 오셨다.
손수 키우던 蘭이란다.

詩 속으로 蘭이 들어오더니
蘭이 詩가 되었다.

책값 보내다

오픈을 앞두고 그동안 판매된 시집에 대해 정산을 한다.

한 권 팔린 책도 있고, 두 권 팔린 책도 있다.
인천에서 이 책방 연다는 소문을 들었다는
어느 초등학교 선생님은
주위에 선물하겠다며 30권을 주문하기도 했다.

팔린 책값을 저자에게 각각 송금한다.

난생처음 해보는 모바일 송금이다.
잠시 배웠는데 어렵지 않다.

어느 시인으로부터 문자가 왔다.
'시집 팔아 책값 받았다며 좋아들 한다'고.

시집 한두 권 값이 뭐 그리 대수겠는가.
애써 펴낸 시집을 책방에다 걸어놓고 나니,
누가 찾아내어 좋다며 품고 갔다는 게
그렇게 기쁘고 행복했으리라.

'홍매'만 봄꽃이 아니었다

우리 집 마당 담장 옆에다
홍매 묘목을 한 그루 사다 심었다.
3년 전이다.

그 뒤 해마다 2월이면
이 꽃나무 가지마다 봉오리가 맺혔다.

터질 듯 실핏줄이 도는 꽃망울은
개화를 기다리는 나를 매일 아침 애태웠다.
하룻밤 자고 나면 터질 듯한데
여러 날을 자고 나도 그대로였다.

지난 2월에도 나는
매일 아침 일어나면 홍매부터 찾아갔다.

그날도 '오늘은 꽃망울이 터지려나' 싶어
다가가서 가지마다 눈여겨 살피다가
무심코 내려다본 나무 아래서
노란 풀꽃 한 포기를 발견했다.

그동안 나는,
내 키보다 큰 꽃나무에 빠져서
고개 들고 쳐다보며 붉은 꽃만 터지길 기다렸다.
낮은 곳의 이 작은 풀꽃에는 관심조차 없었다.
무심했으니 눈에 들어올 리 만무했다.

내가 오랫동안 홍매에 마음을 주고 있는 사이
이 풀꽃은
묵묵히 저 혼자 언 땅을 뚫고 올라와서
별을 닮은, 맑고 고운 꽃을 피운 것이다.

일부러 외면한 것도 아닌데
갑자기 미안한 마음이 들었다.

쪼그려 앉아서 가까이 들여다보니
꽃이 참 청순하고 예뻤다.

'홍매'만 봄꽃이 아니었다.

詩도 그럴 것이다.

하루 앞두고

시간만 나면 찾아오던 아들 내외가
개업을 하루 앞두고 또 왔다.
"개업 최종 점검은 저희가 해야 합니다"라며.

냉장고와 공기청정기, 화분 위치 잡기,
탁자 위 메모지, 장식소품 정리에다
오디오, 실내 향기, 책 전시, 컬러 조정 등
한동안 말없이 둘이서 바쁘더니
"이 그윽한 실내 향기가 바로 시의 향기입니다"
라며 손을 턴다.
아들이 사 온 디퓨저에서 나는 향기다.

둘러보니 전문가 손길이 거쳐 간 듯
책방이 한층 더 세련되고 말쑥해졌다.

내일이면 개업이다.

詩가 우리를 얼마나 기다렸는지

오늘은
시집만 파는 책방 '산아래 詩' 문 여는 날이다.

그러니 이 '창업기'를 마지막 쓰는 날이기도 하다.
책방을 준비하면서 느끼고 겪은 대로 적다 보니
두서없이 이것저것 마구 늘어놨다.

아무튼 그동안 목말라했으니
이제부터 맑은 샘 깊이 파낼 것이다.

누구나 이 책방에 들어와 보면 알게 된다.
'詩'가 우리를 얼마나 기다리고 있었는지.

일흔에 쓴 창업일기

초판 1쇄 펴낸 날 2023년 8월 1일

지은이   이동림
펴낸곳   산아래 詩
출판등록   2023년 7월 6일 | 출판번호 제2023-000013호
주소   대구광역시 남구 현충로7길 6
이메일   pr21@hanmail.net
인스타그램 @mountain_poem

ⓒ 이동림
ISBN 979-11-86270-43-1

이 책은 저작권법에 따라 보호받는 저작물이므로 저자 및 출판사의 허락 없이
이 책의 일부 또는 전부를 무단 복제, 전재, 발췌할 수 없습니다.
이 책의 전부 또는 일부를 이용하려면 반드시 저작권자와 출판사의 서면 동의를 받아야 합니다.
파본이나 잘못된 책은 구입하신 곳에서 교환해 드립니다.

값 17,000원